大
觀

n a t i o n a l   i n t e r e s t

12

在非洲发现中国

丛书主编 ◉ 高全喜
本辑主编 ◉ 邱立波

ZAI FEIZHOU FAXIAN ZHONGGUO

GUANGXI NORMAL UNIVERSITY PRESS
广西师范大学出版社
·桂林·

图书在版编目（CIP）数据

在非洲发现中国 / 邱立波主编. —桂林：广西师范大学出版社，2015.6
（大观. 第 12 辑）
ISBN 978-7-5495-3622-1

Ⅰ. ①在… Ⅱ. ①邱… Ⅲ. ①非洲－研究－文集 Ⅳ. ①D74-53

中国版本图书馆 CIP 数据核字（2015）第 102217 号

广西师范大学出版社出版发行
（广西桂林市中华路 22 号　邮政编码：541001
网址：http://www.bbtpress.com）
出版人：何林夏
全国新华书店经销
广西大华印刷有限公司印刷
（广西南宁市高新区科园大道 62 号　邮政编码：530007）
开本：880 mm × 1 240 mm　1/32
印张：8.5　　字数：180 千字
2015 年 6 月第 1 版　　2015 年 6 月第 1 次印刷
印数：0 001~3 000 册　　定价：32. 00 元

总 序

周边世界看中国，中国看周边世界，自古如此。

古典时期，中国看周边世界，五服之分，华夷之辨，皆非建立在常识基础上；周边看中国，倒是更实用主义，因需调整视角。这差别，原因无二，盖中国不真在乎别人怎么看自己，中国文化是强势文化。

近代以来，东西碰撞，强势的中国文化遭遇更强势的西方文明，前者仍沿袭看周边世界的姿态，一败再败，不明就里，自此陷入混乱，自知与他知失去方向感。

中国人从无认识他人的训练，历史长河中，他人永远是被定义的对象，而非自我认知的坐标，所以，中国人也并不真的知道自己是谁。中国是天下的中心，中国人是天下的主宰。天下的根本逻辑，是神州文化四处布化，是各化外之地的归化。这里没有历史，历史早在布化与归化陈陈相因的循环中终结。

中国人也做过认识周边世界的尝试，比如魏源，比如梁启超，比如顾维钧。所有努力，或不被重视，化作国朝上下共识，或被一次次激烈革命打断，半途而废。中国人始终建立不起对周边世界的常识性认识结构，最终也不能完成自我定位，因此付出的代价，庶几无可计算矣。

然世界离不开中国，中国又岂能离开世界。认识他者，同构于自我认知过程，建立周边世界的常识性认识结构，也是完成自我定义无可取代的前提。只有在完成此项工作的基础上，中国人才能重新构建基于我们自己视角的全球格局体系，从而探索我们的利益所在，为世界规模的和平治理扮演好自己的角色。本丛刊试图为此作出努力。

这努力也是一班有志者的自我教育过程。当代知识人长期昧于小圈子利益，坐井观天，画地为牢，长于“主义”之争，短于建设性批判，局限了他们的视野，混乱了他们的立场。而一个民族的命脉，很大程度系于知识人的全部积累、创造性工作。建立周边世界的常识性认识结构，进而构建全球格局体系，都缺少不了知识人的精密且具宏观视野的基础工作。此一过程艰难而艰深，在开启学习先进国家理念和方法同时，更重要的，是开展自我教育，以使我们全部身心投入到这一工作中来，在其间获得灵感，取得进步。

目　　录

世界观察

专题研究

名作译介

世 界 观 察

主持者言

施　展

20 世纪 80 年代以前，非洲曾离中国很近，在国际反殖反霸运动中双方是并肩的朋友；80 年代以后，非洲又离中国很远，在中国的国际视野中，非洲退到了很不起眼的角落里。进入 21 世纪，非洲似乎又离中国很近，中国与非洲的经贸关系日益紧密；但它真的离中国很近吗？非洲各国的反华声音近年已经屡见不鲜。没错，非洲现在确实离中国很近，各种反华声音恰恰证明了这种“近”，虽则透露出一种“远”。重要的是，我们是否真的理解了这种近与远。

我们在这里所说的远或近，都是在历史哲学意义上，而不是在物理意义上展开的讨论。政治哲学可以为一个政权提供正当性，但只有历史哲学，才决定着一个民族的自我意识，它也告诉这个民族应该向哪个方向去，并在此基础上定义了国家利益。物理意义上的国家，只不过是被政治哲学和历史哲学所整合的质料。

在那个激情澎湃的年代，中国的激情被导向了国际主义，自视为第三世界的一员，视自身的历史使命为“将红旗插遍全球”。这样一种自我意识，自然会将中国的利益与非洲的利益放在一起并观，带来了当年的“近”。但这种“近”是基于一种想象的历史哲学。

改革开放的年代，中国的自我意识转向了民族主义，“四个现代化”的隐含前提是中华民族。这样一种自我意识，引导中国将目光投向了最有利于帮助自己实现现代化的西方，适逢此时非洲国家开始进入动荡时期，非洲便开始变得离中国“远”了。这种“远”，是因为中国在历史哲学上的自我收敛。

进入21世纪，中国成为“世界工厂”，对于原材料具有巨大的需求，这拉动了有丰富原材料的非洲的经济发展。曾在此前十几年经受动荡的非洲国家，多数在21世纪终于走出阴影，开始了连续多年的年均5%以上的经济增长。然而，我们在非洲却可以看到“资源的诅咒”再次上演，高速的经济增长并未带来民众对于财富的普遍分享，反而导致了进一步的贫富分化与政治腐败。由于中国的需求在背后所起的作用，使得许多不满的民众将矛头指向了中国，乃至于有些国家的领导人开始通过反华获取选票。中国对于这个现象的认知，在当下仍然很模糊。我们意识到了非洲对于中国的巨大价值，中国已经实实在在地从中获益；但中国对非洲所应负起的责任，却并未得到我们的有效体认，中国在非洲的诸多援助，常见到事倍功半之举。

究其实，原因何在？笔者以为，浅层原因在于我们的政策制定需要调整，深层原因则在于我们的历史哲学——我们的自我意识——出了问题。中国在20世纪80年代在国际层面的自我收敛,更多地是出于一种实用主义的考虑,它较为清晰地锁定了阶段性目标,但对于作为一个大国的“中国”之历史哲学的反思,则远未深入。这是时代的缺欠,我们没有资格责备前人;但随着中国开始在经济层面上崛起为大国,一举一动都有了巨大的外部性,倘若我们仍然不从历史哲学的层面进行反思的话,则我们便没有资格讨论当下。

有鉴于此,上海世界观察研究院于2011年12月3—4日在海口召开题为“世界历史视野下的非洲与中国”的学术季度会议,希冀通过对非洲这样一块与中国关系密切,却既“远”又“近”的大陆的讨论,来反观作为一个大国的中国之历史哲学,思考中国的世界责任与历史责任,以期“在非洲发现中国”。

《自由国家对附属国的统治》

——重温约翰·密尔的一篇旧文

邱立波*

1.1960年代非殖民化运动后逐渐独立（这个“独立”当然是相对欧美这些宗主国而言）的非洲，获得的只是现代政治的外壳和若干装饰，就非洲人的生存状态而言，实质却是从政治状态倒退回了“自然状态”。恰恰是在欧美这些宗主国退出非洲之后，这里的蛮野、腐烂、仇杀和血腥变得空前刺目，这从反面证明：被抽空了所有前提的、独立的非洲人民就其自身而言是没有组织政治生活的能力的（哪怕是受美国长期熏染的利比里亚），他们必须先在新的“主宰民族”带领下，进入正常政治状态。——所谓“尊重非洲人自己的选择”，这类言辞根本是在游戏非洲人的泪水、鲜血与绝望。

2.非殖民化运动对非洲而言是灾难，对欧美而言则是背叛：

* 作者就职于华东师范大学世界政治研究中心、华东师范大学政治学系。

完全讳言“统治”只谈“互动”的后现代政治学是中道而废、画地自限的政治学，其实背离了欧美近代政治哲学“在一切人身上看到自己、在自己身上看到一切人”这样一种以全世界为圭臬的宏伟志向。这类取向给非洲带来的灾难是直观的，给欧美乃至世界带来的灾难是间接的，但也是深远的。——实情是：不存在“独善其身”的近代政治哲学传统。

3.《代议制政府》中《自由国家对附属国的统治》[1]一文（页242—262）对殖民地国家“附属于”英帝国这点不假思索。这种附属并非简单地认为“殖民地的价值在于为我们的商品提供市场，那些市场可以为我们专用。我们高度珍视这项特权，以致认为值得允许殖民地产品在我们市场上享有我们的商品在它们市场上所享有的同样的垄断权来换取这项特权”（页243），——要害更在于，殖民地要把自己作为“国家间实体力量的个性”融化到“广泛而强大的帝国的较大个性中去”（页247）；而作为这一点的必要前提和题中应有之义，帝国政府“所有一切部门的服务，并且是在帝国的每一部分，都在完全平等的条件下向殖民地居民开放”。实例是，英吉利海峡诸岛屿尽管在“种族、宗教和地理位置”上更接近法国，但由于它们一方面享有内政和税收的完全独立，另一方面“英王授予的每一职位或荣誉都自由地向革恩西或泽西的居民开放”，“联合王国的将军、海军将官、上院贵族有的出自这些无足轻重的岛屿，并且也无任何事情妨碍首相出自这些岛屿”，所以反

① [英]J. S. 密尔：《代议制政府》，汪瑄译，商务印书馆，2010 年。本文中引用此书均采用文内注。

倒使这些地方事实上更接近英国。“如果我们不让一个社会的领导人物出现于世界舞台作为该社会的领袖和在人类全体会议中的代表,我们就对他们的合法的功名心,以及对该社会的正当的自尊心负有义务给予回报,让他们在一个具有更大力量和重要性的国家中占有同样显贵位置的同等机会。”(页 248)借用伯利克里在刻画理想中的雅典与世界其他部分间关系时的话说:在英国人和殖民地人共同“出现于世界舞台”,共同成为“人类会议中的代表”之前,英国要先成为所有殖民地的“学校”,对殖民地人民进行教化。

4. 作为一位心地坚定而头脑清明的作家,小密尔绝不讳言连做学生资格都没有的“野蛮”。对这类附属国,“必须由支配国家去统治,或由该国为此目的委派的人统治”(页 248);这种统治方式“同任何其他方式一样是合法的,如果它是在该附属人民的现有文明状态下最便于他们向进步的更高阶段过渡的统治方式的话。如前所述,在有些社会状况下,强有力的专制政治本身就是在为使人民适于较高文明所特别欠缺的方面对他们加以训练的最好的统治方式”(页 249)。对于人民自身不存在自发进步动力的民族,“当该地人民受到一个更文明的国家统治时,则该国应当能够继续不断地提供这种好的专制君主”(页 249)。“统治国家应当能为其臣民做接连不断的专制君主所能做的一切事情,这样提供的专制君主由于具有不可抗拒的力量就能避免野蛮的专制统治所带来的不稳定性……这就是自由的人民对野蛮的或半野蛮的人民的理想的统治。我们不必指望这种理想一定实现,但是除非做到在某种程度上接近于这种理想，统治者就犯有对一个国家所能负有的最崇高的道德委托失职的罪行。如果统治者甚至不以这种理想为目标，他们就是自私的篡夺者，就是和世世代代以来其野心和贪婪以人类大众的命运为儿戏的人们犯同等的罪。”（页 249）。

5. 作者接下来话锋陡转，用 10 页（页 250—259）篇幅详谈代表自由国家来统治的人员，这些人必须超脱宗主国内的议会和政党政治，必须具备充分而特殊的当地知识，“他们是在当地为此目的训练成的，并把当地的行政管理作为他们终身的主要职业。在具备了这些条件，并不致因国内政治的偶然事件而失去职位的情况下，他们就把自己的声望和考虑同他们的特殊责任一致起来……”尽管如此，作者仍指出了唯一的例外，就是“最高级的人的任免”。因为，“长期生活在亚洲的人，不管有怎样的能力和经验，也不大可能具有一般治国之才所具有的最先进的欧洲思想。主要统治者应该贯彻这种思想，并和印度经验的成果交融在一起”（页 260）。

6. 文章临近结尾，回到“自然”与“人为”的关系这个西方政治哲学的大问题上来（该书第一章即以此开篇）：“英国政府制度是自然地发展起来的，不是根据事先想好的设计，而是通过接连不断的权宜手段，通过改造原先为不同目的创设的机构而发展起来的。由于须保持该项制度的印度不是该制度根据其需要发展起来的那个国家，因此它就感觉不到该制度的实际好处，就需要有理论上的介绍以便它能接受。”（页 261）质言之，英国制度所蕴含的一般法则未必不适合印度的自然本性，但目前印度的自然本性是被遮蔽的，需要经过英国的教化才得彰显。而英国的制度若当真是一种一般性的制度，那就必须将这个一般适用于印度：英国的完满必须内在地包含印度的完满，英国的成就必须是英国与印度相互成就。正是在这个意义上，作者说，“东印度公司政府的命运是，提出由一个文明国家统治一个半野蛮的属国的真正理论，并在做了这件事之后结束自己的生命，这将是一笔了不起的财富”（页261—262）。

7. 以中国为基点看非洲问题，有两重困难。一重是，与非洲交往的中国国家只是个经济中国，这个国家非但事实上并不以终结非洲的野蛮为志向，反而因为与固有政治－经济结构中的非洲的资源贸易，深化了非洲的固有问题。在这个意义上，今日中国仍是“自私的篡夺者”，仍难逃“以人类大众的命运为儿戏”的罪过。更有甚者，中国本身仍非“主宰民族”，今日仍身处自我奴役和野蛮之中。这样的中国，正如密尔所言，甚至连上述的理想都没有或不配有。直白些说，这个国家本身就需要摆脱野蛮和奴役的局面……这个问题，附加在非洲问题上，显然在欧美世界承担的能力之外……看不出希望何在的中国，只能在绝望中自救？出路何在？

8. 秦汉以后中国问题的实质是政治中国与文化中国的不兼容。或者说，不绝如缕的圣人教诲与高远文化品性（＝“道统”），在东亚的地理范围内始终找不到适当的政治表达。但契机是，中国士大夫始终没有丧失对华夏文明天命的感知，近代以来更对西土圣贤的佳言胜意心有戚戚;转机是,与近代欧美构筑“乌托邦”和“大洋国”的设想同路,文化中国借助海通大势在近代纷纷出走,世界各地的华人,包括台湾地区在内的东南亚华人政治体,在在都“亲历民主”,显示着华夏文化契接世界文明大势的生机。或许,下一艘“五月花”号已经造就,“乘桴浮于海”,21 世纪的华夏士大夫能否在非洲另启新篇?到那时,或许自由的中国能够在亚洲和非洲同时实现?

9.若此路不通,大概中国人就只能自嘲“话说天下大势,分久必合合久必分”了……

塞西尔·罗得斯与英属非洲的殖民开拓

刘伟才[1]

英国曾是非洲最大的殖民宗主国之一。长期以来，英属非洲[2]政治经济社会发展的总体状况都好于法属、葡属、比属非洲，而发展到今天，可以说局面依旧：原英属非洲地区经济社会发展的总体水平仍高于原属法、葡、比的非洲地区，大部分地区的政治情况也比较稳定，其中还有几个国家的发展水平在整个非洲都处于较突出的地位。

造成英属非洲发展水平较高的原因显然是多方面的——（原）英属非洲地区大多自然条件较好，相当一部分地区矿产资源丰富，农业条件在非洲来看可称上佳；殖民开拓时期的英国一直在世界上占据经济、政治和军事优势地位，拥有稳固优良的殖民

① 作者就职于上海师范大学非洲研究中心。

② “英属非洲”这一称谓在当前非洲国家已独立的情况下并不确切。特作说明如下：本文所说的“英属非洲”一方面是指原英国殖民统治下的非洲；另一方面也指从英国殖民统治下独立后仍与英国保持密切联系的非洲；另根据本文具体所论内容，又主要是指南部非洲。

战略架构，非洲殖民地作为大英帝国体系的一部分拥有更多的机遇和便利；英国能根据不同地区的不同情况较好地执行间接统治政策，殖民战术实施灵活有效；部分白人移民殖民地和部分殖民地的白人群体较好地发挥了驱动引领作用。

特别值得指出的是，英国在非洲的种种殖民活动离不开一批有见识、有能力的人——实际上，英属非洲发展的种种有利条件的发掘、利用、维持和变通等，都离不开人。从探险家到传教士，从商人到军人，从普通移民到殖民官员，正是在这批人的努力下，英属非洲才得以建立起来，并在经济、政治和社会等方面取得了比较显著的发展。在这些人中，少数人的作用非常突出。这些人极大地推动了当时的殖民开拓进程，深刻地影响了后来的殖民事业乃至相关非洲国家独立后的发展演变。塞西尔·罗得斯(Cecil Rhodes)就属于这些少数作用非常突出的人之一。

罗得斯于1870年去到非洲，在南非的金刚石和黄金矿业开发中取得巨大成功，掌握了巨额财富。利用这些财富以及由此而来的影响力，罗得斯大举开拓殖民，不但将大片土地收入大英帝国囊中，还注重从经济资源开发、基础设施建设、社会发展、白人移民等多方面推动殖民事业，并提出了多个影响深远的战略构想。罗得斯于1902年去世，他的很多事业并未完成，一些设想也并未实现。但是，它们并未被忘却抛弃，而是以不同形式在不同程度上延续下来，依然激发着非洲开发和发展的无限想象。

罗得斯的时代

罗得斯所处的时代可以说是一个风起云涌的时代：资本主义的发展开始进入高潮阶段，物质实力的强大、精神上的优越感、对市场和投资场所的追求、对区域性霸权的争夺、对战略要地的控制欲望、对作为一个大国的声誉的渴望等各种因素促使西欧国家向外扩张和争夺，而英国是其中的佼佼者。

英国在18世纪末19世纪初时，工业革命推进所带来的技术力量提升和物质财富增长已经是显而易见的事实，探索更广阔的世界、利用更广阔的世界乃至征服更广阔的世界所具备的可能性和必要性都越来越高。在物质力量快速且不断增长的同时，英国出现了普遍的救世宗教性狂热，这种狂热中浸透了一种以个人主义为基础的对社会负责、对知识追求的精神，这些狂热者乐于践行简朴、节制、正直、远见、自励和勤劳等原则，而在一个自由自在、无拘无束的经济制度下，这种精神和原则都可以得到充分的发挥。与救世宗教狂热相伴随的还有浪漫主义。英国的浪漫主义可以说是诸多新的和解放性的力量的反映：新的制度、新的思想和新的人民不断产生并且迅速成熟，推动英国的物质和精神不断向前发展并寻求外溢。

在这一增长、前进和扩张的浪潮中，非洲成为当时最大的竞逐目标。长期以来的探险、传教、贸易等活动已使得对非洲地理和资源情况的了解不断增加，再辅以克服在非洲活动困难的物质技术手段的提升，这种竞逐可以说已经具备了良好的前提；而金刚石和黄金等矿产资源的发现和开发则形成极大的刺激,使对非洲的瓜分和争夺在短时间内全面铺开。

罗得斯出生于1853年,此时工业革命在英国已进入后期阶段,英国的技术实力和生产力得到极大提升,已成为世界性的经济和军事强国。自1640年革命后的两百多年时间里,英国的政治体制也不断完善。与此同时,英国的社会也不断趋于开放。这些既为英国和英国人在世界范围内开展商业和殖民活动提供了物质基础和机制支持,也创造了一种崇尚奋斗和进取的精神环境。在这些因素的推动下,英国的势力伸向全球各个地方,英国人的足迹也踏遍全球。在海外不断获得商业成功和不断占据新的领地,既刺激着英国和英国人进一步扩张,也创造了对各类人员的大量需求。因此,走出英国本土,到海外寻求机会、财富或者建功立业,既是可能的,也是必须的。

罗得斯到达非洲的时间是1870年。这时的非洲——特别是南部非洲——正处在一个重要的历史转折点。在此之前,欧洲殖民者虽已在非洲经营数百年,但其对非洲大陆的控制始终只限于沿海的少数地区,白人相对于非洲人仍未占据优势。在大陆的南端,白人移民虽已牢牢立足,并形成了四块比较稳固的白人移民殖民地:开普、纳塔尔、德兰士瓦和奥兰治自由邦,但这些殖民地经济脆弱,发展缓慢,移民生活困苦。然而,19世纪60年代末金刚石矿的发现和开采在短时间内扭转了局面,南非经济开始起飞;到了80年代中期,金矿的发现和开采又给南非经济加了一次速。罗得斯适逢其时,凭借自己的能力很好地抓住了南非矿业发展的机会，获得了巨额财富以及由此而来的社会和政治影响力。

罗得斯于1889年获得特许状并建立英国南非公司。而在不久前的1884—1885年，欧洲多个国家在柏林召开会议商讨刚果河流域争端问题，提出了“有效占领”原则，直接掀起了瓜分非洲的浪潮。各国争相派人进入非洲活动，还有一些冒险家则以私人身份活动，在通过诱骗、威胁等方式获取利益转让的许可之后再寻求政府支持，在非洲建立势力范围或殖民地。1886年英国授予在西非活动的英国尼日尔公司特许状，1888年又将特许状授予英帝国东非公司，德国也在同一年授予德国东非公司特许状。罗得斯赶上了瓜分非洲的浪潮，并凭借此前在矿业开发中获得的财富和影响力展开活动，最终建立了罗得西亚。

在罗得斯之前，英国并不缺少成功的异域开拓者。但与前辈不同的是，罗得斯所处的时代有更多更大的机会，也有更为充分的物质条件和更为有力的精神刺激，特别是有更多更有抱负和能力的人。

罗得斯在非洲的活动

1870年，罗得斯抱着保养和恢复身体健康的目的前往南非。罗得斯抵达南非后先是经营棉花农场，随后又加入挖掘金刚石的队伍，并很快把握住投资机会，开始进行金刚石矿权的收购合并，最终在1880年建立德比尔斯矿业公司。此后，罗得斯的公司在金刚石矿业方面进一步扩张，并开始涉足金矿业，于1887年建立了南非金矿公司。在商业领域不断取得成功的同时,罗得斯于1880年进入开普政坛,借助其掌握的财富,开始着手实现其帝国扩张梦想,推动英国控制了贝专纳兰,建立了罗得西亚。与此同时,罗得斯还不断利用资本向刚果等地渗透,并着手修建区域性的铁路和电报线路等配套基础设施。

一 建立矿业王国

1868年发现金刚石矿后,南非在短时间内迎来了大量的挖矿者。金刚石矿区被分割成一块块的份地,按一定的价格出售给挖矿者,然后后者就可以按照自己的方式开挖。这一方面需要运气,另一方面随着挖掘深度的增加也需要相应的设备和技术。一些人成功了,一些人破产了,还有一些人则面临缺少资金进行技术、设备和劳动力投入的困境。

1871年到达金刚石矿区之后,罗得斯最初也与大部分人一样是一个普通的挖掘者,需要依靠运气,更需要依靠自己的体力和耐心进行挖掘和筛选。但是,罗得斯很快就学会了在挖掘自己份地的同时也投资别人的份地,并在友人查尔斯·拉德(Charles Rudd)的帮助下开始有意识地收购兼并小块份地。1880年,罗得斯成立德比尔斯矿业公司(De Beers Mining Company),基本控制了德比尔斯金刚石矿区[①]。当然,当时并不只有罗得斯一个人

① 当时共有四个金刚石矿区:金伯利(Kimberley)、德比尔斯(De Beers)、布尔特方丹(Bultfontein)和杜托伊茨潘(Dutoitspan)。

在这样做。由于小规模经营的风险承受能力弱和资本投入能力不足，兼并活动在各个金刚石矿区都存在。到 1885 年底时，金刚石矿区最初划定的 3600 块份地已集中在 98 个所有者手中[①]。而德比尔斯公司不断壮大，到 1887 年时统一了整个德比尔斯金刚石矿区。在此基础上，罗得斯开始着手控制整个南非金刚石矿区。

要想控制整个南非金刚石矿区所面临的挑战是巨大的。一方面，罗得斯需要面对实力强大的对手；另一方面，大规模的收购兼并也需要大量资金。罗得斯控制南非金刚石矿区面临的最大对手是巴尼·巴尔纳托(Barney Barnato)及其金伯利中央公司(Kimberley Central Company)。巴尔纳托拥有的财富远多于罗得斯，其公司实力也非常强大，并且也有着与罗得斯一样要控制整个金刚石矿区的野心。罗得斯在阿尔弗雷德·拜特(Alfred Beit)的帮助和指引下，先是获得了一笔 75 万英镑的资金，紧接着又得到罗斯柴尔德家族的注资。利用这两笔资金，罗得斯展开了对金伯利矿区除巴尔纳托公司之外的另一家较大的法国公司的收购，虽然这一行动遭到巴尔纳托的阻挠，但罗得斯最终以自己先买下法国公司，然后将这家公司以获得金伯利中央公司五分之一股权为代价转让给巴尔纳托的方法解决了问题。随后，罗得斯又在股票市场上狙击中央公司，迫使巴尔纳托进行谈判，最终在 1888 年实现了大合并，德比尔斯联合矿业公司(De Beers Consolidated Mines)诞生。随后，德比尔斯联合矿业公司继续开展兼并

---

① Bsail Williams, *Cecil Rhodes*, London: Constable and Company Ltd., 1921, p. 93.

和收购。到19世纪90年代初时，罗得斯领衔的公司控制了整个南非的金刚石矿区，导致当时全世界约90%金刚石的生产和销售都由其掌握。

当金刚石矿业在步步推进时，1884年的威特沃特斯兰德(Witwatersrand，简称兰德)金矿的发现也没有被罗得斯忽略。实际上，南非的矿业发展有一个非常良性的进程，即先发现金刚石矿，然后又发现黄金矿，在金刚石矿业中积累的资本、技术和人力资源等可以很好地投入金矿的开发。罗得斯在金刚石矿业领域积累起来的实力使其很容易进入黄金矿业开发并稳固立足。1887年，罗得斯组建南非金矿公司(Gold Fields of South Africa Limited)，很快就成为垄断南非黄金生产的少数几家大公司之一。更令罗得斯快慰的是，在金矿公司上他有充分的主动权，不像在德比尔斯公司还要受罗斯柴尔德家族以及其他大股东的掣肘。

在矿业经营上的成功使罗得斯获得了巨额财富，也使其对英国和南非事务的影响力大大增加。但这一切并非罗得斯的终极目的，他所希望的是将这些财富和相应的影响力用来发展更多的产业并实现自己的政治抱负。

二 控制贝专纳兰

罗得斯之为人所知，除成功商人这一角色外，更多地还因为他是一个“伟大的帝国主义者”，他的建立从开普到开罗的英属大殖民地的计划，可谓是瓜分非洲时代狂热的一个最典型缩影。

从开普到开罗，罗得斯要实现自己的计划，就必须保持由南向北的道路畅通。当时，英国控制开普和纳塔尔，对布尔人的奥兰治自由邦和德兰士瓦共和国的影响度也很高。以南非为基地向北扩张，踏出第一步的地方是贝专纳兰（在今博茨瓦纳）。贝专纳兰西部为绵延至西南非洲境内的卡拉哈里沙漠，仅东部狭长地带较易于通行，很早以来就是从南非往北进入内陆的通道。在当时，英国并没有多少人意识到这条通道的战略意义，罗得斯利用自己的影响力多方呼吁，要求英国将贝专纳兰收入囊中，以保证向北的道路畅通，但这一主张一时得不到英国政府的坚定支持。

1884 年，德国宣布西南非洲为其保护地，并以西南非洲为基地由西向东扩张，并逐渐深入贝专纳兰。这样一来，德国与布尔人联合，就有可能在英属南非北方横亘起从大西洋到印度洋的殖民势力范围，阻断英国北上道路，这不能不引起英国的警觉。借此机会，罗得斯加大了活动力度，他在开普议会力陈控制贝专纳兰的战略价值和紧迫性，并安排媒体和相关人士在英国展开宣传游说。在这种情况下，英国政府最终宣布对贝专纳兰实施保护。

在控制贝专纳兰这件事上，罗得斯的推动和实际参与的作用是很明显的。在这一过程中，罗得斯也展现出从实际出发灵活处理布尔人与英国冲突的本领。对贝专纳兰的控制阻绝了布尔人与德国人协同截断英国由南向北扩张道路的企图，保证了“大北路”(Great North Road)第一段的畅通。接下来，罗得斯要做的事就是以贝专纳兰为立足点继续向北扩张。

三 英国南非公司与罗得西亚的建立

控制贝专纳兰后，继续向北面对的是实力不容小觑的马塔贝莱兰王国（Matabeleland，核心地区大致相当于今津巴布韦西南部）。马塔贝莱兰王国尚武好战，组织完善，军事力量强大，当时还控制着马绍纳兰（大致相当于今津巴布韦东北部），并对包括今博茨瓦纳北部、赞比亚西南部和莫桑比克西部的广大地区构成威慑性影响。

在罗得斯看来，进占马塔贝莱兰和马绍纳兰，不仅意味着继续向北扩张，为自己的"开普—开罗"梦想再迈一步，还意味着可能获得更多矿产利益。因为，这一地区曾是传奇的莫诺莫塔帕王国的所在地，早有黄金出产，传说中的所罗门王宝藏也被认为是在这个地方。在南非的一些白人眼中，马绍纳兰有可能是"第二个兰德"。当时，被马塔贝莱兰和马绍纳兰吸引的并不只罗得斯，德兰士瓦的布尔人一直在这里活动，葡萄牙和德国也有所觊觎，前者很早就在这一地区确立了自己的存在，后者则处处与英国争雄，因此都很活跃。当罗得斯派人前往马塔贝莱兰宫廷寻求权利转让协议时，面临着很大的竞争。

但是，罗得斯利用英国传教士在这一地区的影响力以及自己雄厚实力的支持，最终击败对手并于 1888 年 10 月从马塔贝莱兰国王洛本古拉手中获得了一份权利转让协议。获得转让协议后，罗得斯马上以此为根据申请特许权。在经过广泛活动后，罗得斯获得了英国政界和财经界人士以及舆论的支持，于 1889 年 10 月获得了由其英国南非公司(British South African Company)管理林波波河以北、葡属莫桑比克以西广大土地的权利。特别值得指出的是,这份特许权并没有限定北部的界限。

获得特许权后,罗得斯开始了向马绍纳兰进军的准备工作,他邀请长期在这一地区活动的猎人塞卢斯(Frederick Selous)为向导,招募 200 名白人组成先遣队(Pioneer Column),并派 500 名英国南非公司骑警护送。1890 年 9 月,先遣队进占马绍纳兰,建立索尔兹伯里。这样一来,洛本古拉的马塔贝莱兰王国实际上被夹在了白人控制的贝专纳兰和马绍纳兰的中间,已是危如累卵。洛本古拉必须出击寻找出路,而马绍纳兰的白人也不会容忍自己的肘腋之下有个武装力量仍算强大的马塔贝莱兰,因此冲突不可避免。三年后,英国南非公司侵入马塔贝莱兰,于 1893 年底征服了马塔贝莱兰。

随后,英国政府正式颁文认可了英国南非公司对马塔贝莱兰的占领,并帮助英国南非公司压制葡萄牙,使葡萄牙放弃了对马尼卡兰(Manicaland,大致相当于今津巴布韦东部与莫桑比克相邻地区)的权利诉求。1895 年,英国南非公司采用"罗得西亚"一名称呼其所统治的区域。

除今津巴布韦所在的地区外,赞比西河以北相当于今赞比亚的地区不久也被纳入,形成所谓的南罗得西亚和北罗得西亚。

四 铁路与大陆电报线路建设

占领内陆广大地区后，需要有相应的配套基础设施。实际上，在瓜分非洲浪潮展开的前后一段时间里，在非洲有利益的欧洲国家政府、公司和个人都谈到了铁路和电报线路对于控制和开发殖民地的重要性。但是，当时在非洲建设基础设施的成本极高，周期很长，且面临诸多不确定因素，风险非常大。在这种情况下，往往需要调动多方面的资源，组合利用政府、私人机构和民间个人的资本，在一些情况下还需要在国际范围内活动，以获取更多投入。而所有这些工作，还需要一个自身资本实力、影响力和控制力足够大，并且有相应意愿的机构或人来主导和组织。在当时，这样的人似乎只有罗得斯。

早在向内陆扩张迈出实际步伐之前，罗得斯就已经认识到配套基础设施尤其是铁路建设的重要性。事实上，要实现"开普—开罗计划"，铁路是一个关键，只有铁路将这两个点连接起来，控制才有可能实现。当时，英国在埃及、苏丹、东非已有一定的铁路基础，罗得斯可以先集中精力在南部非洲修筑铁路，然后通过与英国政府和各相关殖民地进行协调，如果将南部非洲的铁路网与东非的铁路相连，而后者则与埃及、苏丹的铁路相连，那么"开普—开罗计划"就并不是一个空想。

1889 年，为获取特许状，罗得斯同意为英国政府修筑从贝专纳兰往北的铁路。罗得斯与英国政府达成了由他负责铁路所需投资一半的协议，然后他又与开普殖民政府协商，使开普答应承担其中一部分。1890 年,从金伯利到弗雷堡(Vryburg)的铁路完工;1894 年,从弗雷堡到马弗京(Mafeking)的铁路完工;1897 年,从马弗京到布拉瓦约(Bulawayo,曾为马塔贝莱兰王国首府,现为津巴布韦第二大城市)的铁路修通。至此,以开普为起点的铁路线终于进入非洲腹地。同时,这也意味着南罗得西亚与南非更好地连接起来,对南罗得西亚的控制和开发有了很好的条件。

在从南向北修筑铁路的同时,罗得斯还投入修建东西走向的铁路,将南罗得西亚与莫桑比克的港口相连,这实际上是一条更近便的路线,同时也是南北向铁路线的一个重要补充。1900 年,从索尔兹伯里至贝拉(Beira)的铁路竣工,使地处内陆的南罗得西亚又有了一条出海路线,同时也使英国的控制在更大程度上扩展至葡属殖民地(英国对葡属殖民地的控制度一直较高)。

除上述跨国铁路线外,罗得斯主导下修建的另外一条具有重要意义的铁路线是在南罗得西亚境内,它将布拉瓦约与煤炭资源丰富的万基(Wankie)连接起来。这可以说是南罗得西亚开发利用就近资源的一个重要步骤,它表明南罗得西亚并不会单纯做一个原料资源输出者,而是要发展自己的资源利用和加工能力。随着后来控制和投资范围的进一步扩大,万基的煤炭资源除供应南罗得西亚外,还向北罗得西亚输出,除用作矿业冶炼外,还被用来发电供工业用和民用。在铁路的连接下,万基成为南部非洲区域少数几个最重要的能源供给点之一。

在修筑铁路的同时,罗得斯也投入了电报线路的建设。从英国南非公司进军南罗得西亚开始,电报线路就随之由南向北延伸。但是,电报线路的向北延伸遭遇了刚果自由邦的利奥波德二世国王和占据坦噶尼喀的德国的疑虑和阻挠。虽然罗得斯通过个人努力与利奥波德二世和德皇交涉,但在当时的国际环境下,这种努力很难取得实质性成功。

在铁路和电报线路建设上,总体而言罗得斯取得的成功是巨大的。罗得斯本身拥有的资本和影响力为此提供了良好的基础。他将自己手中掌握的资源用于实现其扩张梦想,但这种梦想的实践并非没有产出的投入,而是极为有利可图。无论是修建铁路还是修建电报线路,都有其政治意义,但其经济意义同样非常明显:基础设施建设对资源的开发和投资的吸引有着根本性的推动作用,而基础设施运营本身的利益也是巨大的。

有人说罗得斯种种活动的目的并不是为了赚钱,但是必须承认一种良性的财富循环的存在,只有这种循环持续,殖民事业才能持续。

罗得斯的遗产

罗得斯去世后,留下了产业庞大的矿业公司,留下了一项以罗得斯为名的奖学金,留下了根据罗得斯命名的、大致相当于今天的津巴布韦和赞比亚的南北罗得西亚,留下了一系列至今仍发挥巨大影响的基础设施或基础设施架构,此外他还在开普殖民地和罗得西亚的管理和规划上做了一些影响深远的工作。但是,比这些有形遗产更具价值的是罗得斯的活动为南部非洲的区域一体化打下了良好的基础,更为这一事业的继续夯实和不断推进提供了可供发挥和实践的框架设想。

今天的南部非洲,有非洲规模最大、合作领域最广泛的区域一体化组织,即南部非洲发展共同体(SADC,Southern African Development Community)。相对非洲其他区域一体化组织而言,南共体最大的一个优势就是它拥有区域性的较为完善的基础设施网络。虽然这并不全是罗得斯的功劳,有很多铁路线段是在他之前或之后建成的,但罗得斯的区域性规划和具体实践既是一个基础,更是一个促进。电报线路也是如此,今天南部非洲的跨国和区域性的通信网络,乃至南非主导下提出的建设"泛非通信网"的计划,实际上也是罗得斯的泛非电报线路(Trans－African Telegraph)的新形式延伸。

在基础设施框架的支撑下,南部非洲的矿产资源得到了相当程度的开发。当然,这与国际资本在这一地区的活跃也是分不开的,但罗得斯在金刚石矿业和黄金矿业领域的资本运作无疑具有开创性作用,其实际的经营活动和所取得的成功也为国际资本的持续投入奠定了基础。应该指出的是,国际资本在南部非洲的活动是区域性的、跨国性的,而这种区域性和跨国性与罗得斯参与奠定的南部非洲的一体化基础是密不可分的。

2011 年 6 月,来自非洲大陆最重要的三个区域一体化组织(南部非洲发展共同体、东非共同体[EAC,East African Community]和东南非共同市场[COMESA,Common Market for Eastern and Southern Africa])的 26 个国家的首脑在南非集会,商讨建立横跨三个组织所在区域的自由贸易区,“开普—开罗”这个标志着殖民主义瓜分非洲高潮和帝国主义扩张狂热的计划现在又被非洲人自己拿了起来,并把它当作非洲未来发展的一个重要目标和实现非洲未来发展的一条重要途径。

结语:英属非洲殖民开拓的历史经验

必须承认罗得斯超群的个人能力,但殖民开拓的大事业远远不是一个人或者少数一些人就能完成的。这项事业需要一种综合力量,这种综合力量包括有意愿和能力从事殖民开拓的国家,利于和便于殖民开拓的机制、资本或资本筹措的途径以及一批有相应能力的人。

殖民开拓事业必须有强大并可持久的国家在后支持。无论是控制贝专纳兰还是建立罗得西亚,没有英国政府的支持,罗得斯就算拥有再多的财富恐怕也难以成功。国小力弱的葡萄牙在瓜分非洲的浪潮中可谓风雨飘摇,如果不是在大国争夺中找准空当和得到英国有条件的支持,它很难保住在非洲的殖民地。殖民开拓事业也是一项持久的事业,这需要在背后支持的国家能够持久。德国在瓜分非洲的浪潮中可以说出尽风头,出手快而狠,相比在非洲耕耘多年的英、法毫不逊色。但是,一战的失败使其在非洲的殖民地很快丧失,并且再也没有恢复。

殖民开拓事业要求开拓者的社会灵活、开放、多元,这样才能保证开拓者能因地制宜地进行活动,并使这种殖民开拓能够有效、长远。英国在非洲的殖民开拓事业中有大量私人和民间组织参与，可以说是众多不同思想和利益的产物。这些思想和利益的代表形形色色——“商人和工厂主、与本土有家庭联系的殖民地定居者、传教士和探险家、各种学术团体、奴隶贩子、囚徒和流放者，还有伦敦城、威斯敏斯特、白厅，以及伦敦、爱丁堡、格拉斯哥、曼彻斯特和伯明翰，还有英格兰人、苏格兰人、爱尔兰人、威尔士人和汉诺威王室成员或支持者。”可以说，英国社会的各个阶层都与非洲有着千丝万缕的联系。这样一来，即便在非洲的殖民地纷纷获得政治独立，英国也仍能通过这种联系发挥影响甚至实施控制。

殖民开拓事业需要相关的机制行使激励和控制功能。如何保证政府、公司和个人愿意从事殖民开拓，如何使殖民开拓有利于相关方获得政治和经济利益，如何有效地从事具体的殖民活动和实行殖民地管理，都需要机制来维持。在与殖民开拓相关的机制中，最重要的莫过于特许公司。在欧洲扩张的历史上，特许公司一度是一个被很多国家利用的机制——将一项事业交给名义上的私人机构或私人，政府只在必要时或者水到渠成时站出来公开发挥作用，这既有效地调动了个人的积极性，也有效地减少了政府投入的成本和可能带来的风险。在被证明是有效的情况下，特许公司就可以通过秘密和公开的股份制形式吸收贵族、政府官员、民间私人的资本，最终还是使殖民事业变成一项国家的事业。罗得斯的英国南非公司并不是独一无二的，它只是欧洲以荷兰、法国、英国为代表的一批国家在数百年的殖民开拓过程中众多特许公司中的一个——这恰恰说明特许公司这种机制的有效性。

殖民开拓事业需要资本。无论是殖民征服、殖民管理还是殖民地的建设与开发，都需要大量资本。在对非洲进行征服和统治的很长一段时期里，欧洲国家一直遵循的一个准则是成本控制，私人必须尽量自行筹集所需资本，殖民地当局也要自负盈亏。即便是宗主国推出殖民地开发计划，由政府主导对殖民地进行投入，也不会是政府负担一切。殖民开拓所需的资本实际上有两方面的含义：一方面需要有一定的资本，另一方面需要有成熟完善的资本获得途径。罗得斯虽称豪富，但在矿业经营、铁路建设等方面仍需要其他资本来源的帮助。实际上，即便罗得斯个人的资本是足够的，对其他资本来源的利用也仍属必须，通过利益分配和风险分摊形成利益共同体，能使殖民开拓更加有力和持久。

殖民开拓事业最终需要落在一个个人身上。“帝国有着各种各样的不同使命，分别由传教士、商人、工业家、政治家、诗人和教授等来代表，他们对殖民主义有着种种不同的看法，从‘给世界的黑暗地区带来光明和文明’，到英国贸易的扩张和对英国工业的支持，以致追求冒险和浪漫主义。”①在英国的殖民开拓历史上有很多响亮的名字，也有很多虽不响亮但相对而言更不能忽视的名字，就是那些在某一特定殖民开拓场合起过关键作用或在殖民管理岗位上作出一定成绩的人。罗得斯的事业并不是罗得斯一个人的事业，英国政府、开普和纳塔尔殖民地的某些官员，在非洲活

① [英]阿萨·勃里格斯：《英国社会史》，陈叔平等译，中国人民大学出版社，1991年，第274—275页。

动的传教士、商人和探险家，都不可或缺，甚至是“成千上万想获得土地的人、被流放的罪犯囚徒、携款潜逃的人、想升官发财的海陆军官等”，也能发挥作用。实际上，殖民开拓事业中的“人”，既是指个人，更是指一个群体。

殖民开拓事业只能发生于特定的时代。所谓时代者，并不只是一个时间的维度，还包含空间，以及在这一空间活动的主体和维系空间有效性的机制、物质和精神基础，这些共同构成一个复合体，或者说形成一种综合力量。殖民开拓本身是一个特定时代下的复合体，推动它的力量也只能是一种特定时代才能获得并得以发挥的综合力量。

但是，时代往往是可遇不可求的。然而，有些经验却能历久不变其客观意义。

人民币在南部非洲实现国际化的战略构想及方案设计

谢怀筑①

一　人民币国际化对中国成为世界一流强国，具有极其重要的战略意义

人民币国际化是指人民币不仅在本国流通，在境外也成为公共部门和私人部门持有的具有计价单位、交易媒介和价值储藏功能的货币（详见表1）。

世界货币史上，除黄金外，以一国主权信用货币（依据本国政府权威和信用发行的纸币）的身份承担国际货币职能的只有三个：国际金本位时期的英镑、布雷顿森林体系下的美元以及牙买加体系（后布雷顿森林体系）下的德国马克—欧元。

①　现供职于中国人民银行研究局。

表1　国际货币功能

货币功能	公共部门	私人部门
计价单位	盯住货币：央行为稳定本币汇率而盯住的货币	计价货币：私人用于计算彼此间债权及债务关系的货币
交易媒介	干预货币：央行为维持本币汇率而买入或卖出的货币	结算货币：私人用于清偿彼此间债权及债务关系的货币
价值储藏	储备货币：央行所持有的国际货币及其计价的金融资产	投资货币：私人所持有的国际货币及其计价的金融资产

（资料来源：Cohen [1971]，Kenen [1983]）①

在国际货币体系中，可将储备货币发行国（比如金本位制度下的英国、布雷顿森林体系下的美国）视为中心国家，而非储备货币发行国则是外围国家。在这一中心－外围体系下，中心国家一是通过资本金融账户的持续逆差，扩大对海外投资，不断向世界提供英镑或美元；二是通过经常账户逆差，源源不断地向全世界输出英镑或美元，从而获得商品和服务的注入。而外围国家则必须通过经常项目顺差获得英镑或美元，扩充自身的外汇储备，以满足自己进行国际支付和偿还外币贷款的需求。这一体系的本质是，外围国家需向中心国家注入实质资源（出售原材料、商品或服务），以支付国际铸币税为代价，获得使用国际货币的便利。可见，从国际货币的格局上看，中心国家对整个构架具有支配权，外围国家通常是某种程度的被动依附。因此，人民币国际化对中国

① Cohen, *The Future of Sterling as an International Currency*, London: Macmillan, 1971; Kenen, *The Role of the Dollar as an International Currency*, New York: Group of Thirty, 1983.

成为世界一流强国，具有极其重要的战略意义。

二　境外区域人民币货币区的建立，将是当前人民币实现国际化逐步跻身主要国际储备货币行列的重要战略支点

拥有巨大的经济总量、活跃的对外贸易、稳定且不断上升的本币币值、发达的金融系统、稳定的政局以及透明、可预测的宏观经济金融政策，是英国、美国和德国（之后的欧盟）促使其本国信用货币成功转变为国际货币的共同因素。但必须认识到，在这些国家强大的经济实力背后，国家层面的战略设计也至关重要。

我们不妨以美元国际化的历程为例，对此问题进行简单分析。美国的 GDP 于 1894 年超越英国跃居世界第一，1913 年其工业产值已大体相当于英国、法国和德国三个国家工业产值之和。不过美国国际贸易领域的地位相对于经济增长略微滞后，1790—1868 年期间，美国进出口贸易一直处于逆差状态，随后才逐步进入贸易顺差时期；直至 1929 年，美国在世界贸易中的占比达到了 14.2%，才第一次超越英国。从净财富积累的角度（GDP 是一个流量而非存量概念，仅代表一国一年之内产品和服务生产总值，并不代表一国净财富积累的总水平），一战帮助美国迅速扭转净债务国身份，并一跃成为世界最大的债权国。通过向交战国提供资金支持和战后重建，美国在国际金融体系中的地位得到迅速提升。1919 年一战结束时，美国政府不仅拥有了世界黄金储备的

40%,而且美国国民拥有的财富已经达到5000亿美元,超过了整个欧洲各国财富之和。二战最终确立了美元的国际核心货币地位。经过二战,英国和欧洲的经济再次受到沉重打击,而美国则完全成为世界经济、金融和军事的霸主。二战结束时,美国工业产值占世界工业产值的比重超过了50%,进出口贸易占世界贸易总额的1/3,黄金储备占西方国家黄金储备的59%。因此,在1944年建立以美元为核心的国际货币体系已是一个必然的结果。但从GDP第一(1894年)成为国际储备货币发行国(1945年),其间经历了整整半个世纪。而且即便是在二战结束时,在全球国际贸易中以英镑计价结算的比例依旧高达40%,伦敦仍是世界上最重要的国际金融中心。因此,经济实力仅是本币实现国际化的必要条件而并非充分条件,国际货币的转换明显落后于经济实力的变化,很多国家甚至在经济实力最鼎盛的时期也无法实现本币国际化(典型例子比如法国和日本)。

我们发现,尽管美元取代英镑成为主要国际货币的过程具有其历史必然性,但是,这一过程不仅相当漫长,而且充满了英美双方的斗争,美国分阶段实施的国家金融战略是促使美元国际化最终成功的必要条件。一是利用地缘优势,建立美元货币区。1900年,美国正式通过金本位法案,开始登上国际金融舞台,与英镑争夺世界金融霸权。随后美国提出"门罗主义"和"泛美主义",联合具有地缘优势的拉美国家建立美洲经济共同体,形成20多个拉美国家构成的美元集团,削弱英镑在拉美区域的影响。二是以美元集团为基础,促使世界货币格局由"一元化"向"多元化"发展,在美元集团的基础上，逐步扩大美元在对外贸易和投资中的使用范围。随着英镑集团、美元集团、法郎集团的出现，国际货币体系逐渐形成“三币鼎立”的多元化状态，进一步削弱了英镑的国际地位。三是抓住重建国际货币体系的时机，成为国际货币体系的核心货币。二战结束前期，美国抓住重建国际货币体系的时机，在1944年布雷顿森林会议上提出“怀特计划”，通过两个挂钩（黄金与美元挂钩，各国货币与美元挂钩）的机制，确立美元在战后国际货币体系中的核心地位。四是利用马歇尔计划，最终推动美元完全取代英镑。二战后，尽管国际货币体系在制度上已确立了美元的核心地位，但在国际金融市场上英镑依旧占据很大的份额。为此，美国利用欧洲复兴计划（马歇尔计划）、欧洲战后重建的资金需求等机会，有效促使欧洲各国广泛接受美元用于国际贸易，在欧洲这一英镑大本营迅速建立起美元离岸市场，最终推动美元成为国际贸易和国际金融领域的主要计价货币和清算货币。

随着中国国力的日益强盛，以及国际货币体系在以美国为首的次贷危机和欧洲主权债务危机后的结构型调整，人民币被逐步并广泛地运用于国际贸易结算、计价、国际投资并成为其他国家的储备货币，已具备了很多启动条件。借鉴国际货币体系发展史中英镑、美元和德国马克成功国际化的经验，除了利用好当前我国经济总量大幅上升、本币逐步升值的时间窗口，从国家战略高度进行一系列规划设计必不可少。这其中，有计划地建立本币在境外流通的区域货币区，逐步以区域化带动国际化，可谓重中之重。

三 在南部非洲建立非洲人民币货币区的意义及可行性分析

(一)当前国际货币格局及人民币的地位

当前,随着人民币在国际市场的认可度和接受度不断增强,全球市场对人民币国际化的关注程度也越来越高。如何衡量一国货币的国际化程度?通行的做法是选取与国际货币功能相关的一些关键指标进行定量研究。比如选取两国之间国际贸易计价结算的币种结构来衡量货币作为表1中"计价单位"的功能,选取外汇市场交易的币种结构来衡量货币作为表1中"交易媒介"的功能,选取国际储备中的币种结构来衡量货币作为表1中"价值储藏"的功能。此外,盯住汇率制度中的币种结构,国际货币市场、国际债券市场、国际金融衍生品市场等国际金融市场中的币种结构,以及各国金融机构债权债务的币种结构等指标也从不同层面衡量了一国货币的国际化程度。

1. 人民币成为全球第七大储备货币

在一般研究中,通常选取国际储备的币种结构来大致衡量货币的国际化水平。如IMF汇集了1995年以来139个国家(经济体)中央银行的外汇储备币种结构(详见表2),最新数据显示,2013年第三季度美元、欧元、英镑与日元的外汇储备全球占比分别为61.44%、24.16%、3.92%和3.86%,在一定程度上反映了主要货币的国际化水平。从全球官方外汇储备各币种占比来看,经过多年国际化努力,目前人民币已成为全球第七大储备货币。

但除美元、欧元、英镑、日元这四大主要储备货币外，全球其他所有货币在官方外汇储备中的总占比仅为6.63%。

表2 全球官方外汇储备各币种占比(1995—2012)

	USD	GBP	JPY	EURO	Others
1995	58.96	2.11	6.77	26.96	5.20
1996	61.98	2.68	6.71	23.84	4.78
1997	65.10	2.58	5.77	22.34	4.21
1998	69.28	2.66	6.24	16.99	4.83
1999	71.01	2.89	6.37	17.90	1.83
2000	71.13	2.75	6.06	18.29	1.76
2001	71.51	2.70	5.05	19.18	1.56
2002	66.50	2.92	4.94	23.65	1.99
2003	65.45	2.86	4.42	25.03	2.23
2004	65.51	3.49	4.28	24.68	2.04
2005	66.52	3.75	3.96	23.89	1.89
2006	65.08	4.52	3.47	24.95	1.98
2007	63.88	4.83	3.18	26.12	1.99
2008	63.77	4.22	3.47	26.21	2.34
2009	62.05	4.25	2.90	27.66	3.15
2010	61.84	3.93	3.66	26.01	4.56
2011	62.36	3.84	3.61	24.67	5.53
2012	61.23	4.00	4.03	24.19	6.55

（数据来源：IMF，Currency Composition of Official Foreign Exchange Reserves [COFER]数据库）

2.人民币成为第九大交易货币

SWIFT"RMB Tracker"月度统计报告显示，2013年12月，人民币占世界支付货币第8位，市场份额从2012年1月的0.25%

上升至1.12%。BIS外汇市场交易指标显示,2013年,美元占外汇市场交易比重(合计为200%)的87.05%,欧元占33.41%,日元占23.04%,英镑占11.81%。人民币占外汇交易市场的比重为2.24%,为第九大交易货币(详见表3),比2010年(0.86%)增长了一倍多。

表3 人民币在外汇交易中的地位(1998—2013)

Currency distribution of global foreign exchange market turnover

Net-net basis,[1] percentage shares of average daily turnover in April[2]

Currency	1998		2001		2004		2007		2010		2013	
	Share	Rank	Share	Rank	Share	Rank	Share	Rank	Share	Rank	Share	Rank
USD	86.8	1	89.9	1	88.0	1	85.6	1	84.9	1	87.0	1
EUR	...	32	37.9	2	37.4	2	37.0	2	39.1	2	33.4	2
JPY	21.7	2	23.5	3	20.8	3	17.2	3	19.0	3	23.0	3
GBP	11.0	3	13.0	4	16.5	4	14.9	4	12.9	4	11.8	4
AUD	3.0	6	4.3	7	6.0	6	6.6	6	7.6	5	8.6	5
CHF	7.1	4	6.0	5	6.0	5	6.8	5	6.3	6	5.2	6
CAD	3.5	5	4.5	6	4.2	7	4.3	7	5.3	7	4.6	7
MXN[3]	0.5	9	0.8	14	1.1	12	1.3	12	1.3	14	2.5	8
CNY[3]	0.0	30	0.0	35	0.1	29	0.5	20	0.9	17	2.2	9
NZD[3]	0.2	17	0.6	16	1.1	13	1.9	11	1.6	10	2.0	10
SEK	0.3	11	2.5	8	2.2	8	2.7	9	2.2	9	1.8	11
RUB[3]	0.3	12	0.3	19	0.6	17	0.7	18	0.9	16	1.6	12
HKD[3]	1.0	8	2.2	9	1.8	9	2.7	8	2.4	8	1.4	13
NOK[3]	0.2	15	1.5	10	1.4	10	2.1	10	1.3	13	1.4	14
SGD[3]	1.1	7	1.1	12	0.9	14	1.2	13	1.4	12	1.4	15

(数据来源:BIS)

3.人民币国际化程度近年提升较快

渣打银行于2012年11月推出的"人民币环球指数(RMB Globalisation Index,RGI)"选择离岸人民币存款总额、人民币贸易结算和其他人民币国际支付总额、全球"点心债"发行未偿余额和离岸人民币计价存单,以及离岸人民币外汇交易量四个参数代表离岸市场人民币活动的主要领域,以四项参数历史波幅的反比作为权重构建指数。该指数以2010年12月底作为基期,基数为

100,2013 年 12 月指数升至 1377,环比上升 5.9%,同比上升 84.1%。

星展银行于 2013 年 1 月在香港推出“人民币动力指数”,集中调查香港企业对人民币的使用和接受程度。该指数编制依据源于调查问卷,按季度发布。2012 年第四季度该指数为 54.9,作为之后季度数据变化分析的基准值。2013 年第四季度为 54.7,略低于 2012 年同期水平。

中国银行于 2013 年 9 月发布“跨境人民币指数”,跟踪跨境流出、境外流转和跨境回流这一资金跨境循环过程中人民币的使用水平,反映人民币在跨境及境外交易中使用的活跃程度。2013 年第四季度指数为 228,同比增长 56%。

参照现有人民币国际化相关指标和指数的编制情况、国际化货币的内涵变化以及数据的可得性,结合人民币跨境结算发展情况,中国人民银行试编了人民币国际化动态指数。人民币国际化动态指数包含三个二级指标,反映跨境人民币结算、交易和货币储备等功能,根据“最能反映人民币国际化进程”的重要性次序决定各指标权重。① 结合人民币跨境业务发展的实际情况,人民币国际化动态指数的试编选择 2010 年 12 月为基期(详见图 1)。人民币国际化动态指数在 2013 年 12 月为 949.9,同比上升 102.66%。从试编的人民币国际化动态指数计算结果可以看出,

① 在指数试编过程中,我们运用主观赋权方法确定各指标权重。此外,我们运用主成分分析法等客观赋权方法确定指标权重构建指数,经佐证,两种赋权方法构建的指数所反映的趋势基本一致。

指数变化基本上反映了近几年人民币国际化发展的动态趋势。

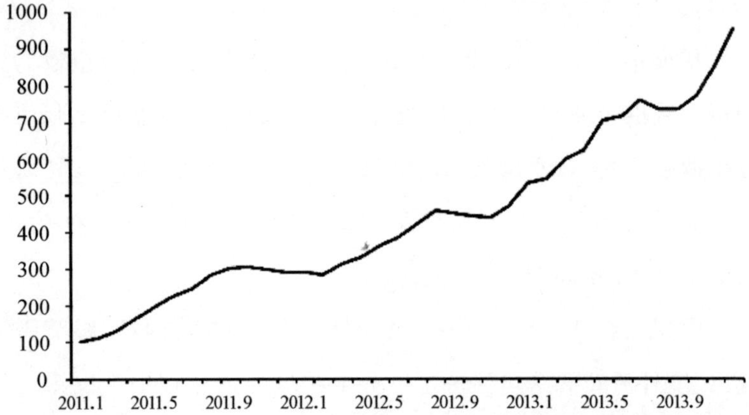

图1　人民币国际化动态指数(数据来源:中国人民银行)

4.人民币境外离岸市场发展成为人民币国际化的重要战略支点

随着境外人民币来源和运用渠道不断增加,人民币在境外的认可度和接受程度逐渐提高,境外非居民持有和使用人民币的规模大幅增长。伦敦、法兰克福等国际金融中心都表示出对开展离岸人民币业务的兴趣。

顺应这一趋势,中国人民银行在中央的部署下,着手在中国境外开发、建立了包括香港、澳门、台湾地区,以及新加坡、韩国、英国、法国、德国、卢森堡在内的九个区域人民币中心。香港是当前发展相对较为成熟的离岸市场。香港的人民币产品无论在发行金额、交易量,还是在创新性上都在人民币离岸市场中居于领先地位,香港人民币 RTGS(实时全额支付系统)承担了大部分离岸人民币交易的清算,这得益于香港远大于境外其他地区的人民币资金存量。而这些存量的累积，一方面得益于香港自身与内地之间紧密的经贸往来，另一方面也得益于早年与中国开展边贸往来从而积累了大量人民币的亚洲周边国家/地区(特别是那些本币较为弱势的国家)的人民币的持续输入。近期新加坡、澳门地区和台湾地区人民币离岸市场的快速发展也得益于类似因素。下一步，将海外离岸人民币中心建设的重点由欧洲转向南部非洲，不仅是可行的，而且将起到四两拨千斤的作用。

(二)非洲之于人民币国际化的机会

1. 非洲当前货币格局

下面详细罗列了非洲地区大部分国家使用货币的情况。

表 4　非洲地区货币流通状况

北部	利比亚第纳尔、阿尔及利亚第纳尔、突尼斯第纳尔、欧元(西班牙在北非属地)、苏丹镑、埃及镑、摩洛哥迪拉姆
中部	中非法郎(喀麦隆、中非共和国、乍得、刚果[布]、赤道几内亚和加蓬)、刚果法郎、安哥拉宽扎、圣多美和普林西比多布拉
东部	布隆迪法郎、欧元(马约特、留尼汪)、吉布提法郎、厄立特里亚纳克法、埃塞俄比亚比尔、肯尼亚先令、马达加斯加阿里亚里、马拉维克瓦查、毛里求斯卢比、莫桑比克梅蒂卡尔、卢旺达法郎、塞舌尔卢比、索马里先令、索马里兰先令(不被承认①)、南苏丹镑、坦桑尼亚先令、乌干达先令、赞比亚克瓦查、津巴布韦元

① 索马里兰先令(Somaliland shilling)是从索马里宣布独立的索马里兰的货币，简称是Slsh。自从1994年10月经由索马里兰银行开始发行。

续表

西部	佛得角埃斯库多、欧元(加那利群岛、马德拉自治区)、冈比亚达拉西、加纳塞地、几内亚法郎、利比里亚元、毛里塔尼亚乌吉亚、尼日利亚奈拉、圣赫勒拿镑、塞拉利昂利昂、法属西非法郎、西非法郎(贝宁、布基纳法索、科特迪瓦、几内亚比绍、马里、尼日尔、塞内加尔和多哥)
南部	博茨瓦纳普拉、科摩罗法郎、莱索托洛蒂、纳米比亚元、南非兰特、斯威士兰里兰吉尼

历史上,非洲国家的经济发展及货币完全取决于殖民国家的相关政策。由于法国和英国曾在非洲殖民的历史中扮演着重要的角色,因此,法属殖民地的众多国家和英属殖民地国家在独立前很长的一段时间内分别使用各自的统一货币。民族解放运动兴起后,各殖民地国家相继独立。英属殖民地国家纷纷退出殖民时期的统一货币东非先令(East Africa shilling),但法国殖民地国家的流通货币(CFA franc)①却慢慢保留下来,并出现了两个法郎区(CFA franc zone)(这些区域目前已转为欧元区),两区对法郎的定义各异。传统上的非洲法郎区,由两个子货币区构成,即西部非洲经济货币联盟(WAEMU)和中部非洲货币经济共同体(CAMEC)。前者,即西非经济货币联盟有 8 个成员国(2007 年):贝宁、布基纳法索、科特迪瓦、马里、尼日尔、塞内加尔、多哥和几内亚比绍。而中非经济与货币联盟有 6 个成员国家(2010 年):赤道几内亚、刚果共和国、加蓬、喀麦隆、乍得、中非共和国。目前,西非法郎和中非法郎在非洲区域货币联盟发挥着重要作用。

---

① CFA 代表 Colonies françaises d'Afrique("French colonies of Africa")。

当前，在非洲的若干区域经济体正致力创建一个服务于本经济体的统一货币，以更大程度地满足区域内政策协调、经济交流以及区域外贸易的开展等需要。目前考虑建立统一货币的区域经济体有：

（1）东非共同体（EAC）

肯尼亚、乌干达、坦桑尼亚、布隆迪和卢旺达五个东非国家组成的东非共同体正考虑发行自己区域内的货币。

（2）南部非洲发展共同体（SADC）

安哥拉、博茨瓦纳、津巴布韦、莱索托、马拉维、莫桑比克、纳米比亚、斯威士兰、坦桑尼亚、赞比亚、南非、毛里求斯、刚果（金）、塞舌尔和马达加斯加等 15 个国家组成的南部非洲发展共同体，致力在 2016 年以前建立区域内的统一货币联盟。目前成员国间的货币均与南非货币兰特挂钩。

（3）西部非洲货币区（WAMZ）

非洲西部几个英语为母语的国家几内亚、尼日利亚、冈比亚、塞拉利昂和加纳组成的西非经济体正加速其货币联盟的进程。西非经济体近日批准对西非单一货币实施路线图进行修订，拟于 2020 年开始实行单一货币。

（4）西非国家经济共同体（ECOWAS）

西非国家经济共同体实为西部非洲经济货币联盟（WAEMU）的西非法郎区（CFA，又称第一货币区）和西部非洲货币区（WAMZ，又称第二货币区）共同组成，而西非国家经济共同体正致力推动两个货币区间的融合和统一，形成单一货币区。

通过上述分析我们发现,我们有三点观察:第一,当前多数非洲各国流通的货币都是本国发行的弱势货币,币值疲软且波动剧烈;第二,由于历史原因,北部非洲已经成为欧元区的重要势力范围;第三,除已有的两大法郎区(当前已转化为欧元区)之外,很多非洲国家试图通过创建区域统一货币,以满足区域内政策协调、经济交流以及区域外贸易的开展等需要,但区域货币一体化的努力收效甚微。

南部非洲,即非洲撒哈拉沙漠以南地区大陆(包括南非、博茨瓦纳、安哥拉、赞比亚、刚果[金]、坦桑尼亚、马拉维、莫桑比克、津巴布韦、纳米比亚等国家),由于区域地理位置优越,自然资源丰富,在非洲经济政治上具有重要的战略地位。南部非洲发展潜力巨大,但当下也面临着政治动荡、金融支持匮乏、信用机制欠缺、发展理念有待调整等多种困难。所有这一切,恰使其与中国之间具有了高度互补合作的空间。特别值得注意的是,当前南部非洲大部分国家的本币币值特别疲软且波动剧烈,可靠"交易媒介"的缺乏,严重影响本国经济、贸易和财政的发展。为解决"货币抑制"导致的恶劣后果,部分国家已主动寻求美元化甚至南非兰特化的历程。然而,南非经济体量太小,其 GDP 在南部非洲国家中的占比(可以视为兰特在南非体外循环的"资产抵押"),不足以长期支持兰特在整个南部非洲大规模运用于贸易和投资。美元在南部非洲国际化的程度远低于欧元在撒北非洲的国际化程度,且美非贸易总量规模有限,难以为南部非洲注入足够美元以完成"交易媒介"的功能。这为人民币在南部非洲大规模流通提供了十分难得的机遇窗口。南部非洲不仅需要来自中国的贸易、投资，也需要作为计价、交易和储备货币的人民币。这不仅是中国通过建立非洲人民币区域货币区加速人民币国际化进程的需要，也是南部非洲各国通过引入人民币这一币值稳定且不断上升的“交易媒介”，为稳定经济、实现经济腾飞的需要。

可见，从国家层面看，推动建设非洲人民币区并将其上升到国家战略高度，将成为人民币国际化大战略的一个重要支点。

2.加速推进南部非洲人民币货币区建设的比较优势

当前在欧洲建立离岸人民币市场，难度相对于亚、非地区要大得多。一是欧洲地区拥有众多发达的国际金融中心，人民币及人民币产品相对于其他储备货币及其产品的比较优势，难以在短期内迅速建立。如果说，人民币自身的币值对于这些储备货币能占绝对优势，人民币离岸产品的比较劣势则对美元离岸产品甚至日元离岸产品相对更加明显。一方面产品创新力度不足，另一方面受限于中国对资本金融账户的管理这一制度因素。二是客观上，欧洲地区历史上缺乏人民币存量的沉淀。尽管中国和欧洲经贸往来自中国改革开放以来一直高速发展，欧洲是中国最大的贸易伙伴，但习惯中一直使用美元、欧元结算，人民币结算占比极小，且即使人民币支付结算流出后，由于人民币在当地的接受程度不高，也没有在当地滞留。

建立南部非洲人民币离岸市场甚至逐渐形成囊括多个南部非洲国家在内的非洲人民币同盟，相对于欧洲离岸人民币中心的比较优势是明显的，开发潜力是巨大的。优势一，是日益密切并不断发展壮大的中非经贸往来，这为人民币伴随经贸往来“走出去”建立了客观的实体经济基础，相当于是扩大人民币境外使用并建立海外离岸市场的充分条件。当然，在这一点上，南部非洲相对于欧洲，并非占有压倒性优势。优势二，是人民币币值缓慢却稳定的攀升，不仅在中长期拥有对美元、欧元、日元等主要储备货币的相对优势，更拥有对南部非洲所有国家本币的绝对优势。应该说，这就是成功建立境外人民币离岸市场的必要条件。南部非洲这个优势与欧洲相比是本质性的。优势三，是南部非洲目前缺乏真正意义上的国际金融中心，即使南非已经成为撒南地区的区域经济中心，但其金融体系的发达程度还不够承载地区金融中心的角色。因此，相对于欧洲，中国的金融机构在南非开发人民币相关产品就拥有更多发展优势和机会。优势四，中国目前已在南部非洲建设了一大批产业、贸易、投资平台，这对推动形成非洲人民币离岸中心和人民币区，对加速人民币在全球其他区域的国际化历程，将起到重要的支点和杠杆作用。以开发银行为例，2007 年，开发银行建立中非基金，现已成功运营多年并在非洲形成广泛影响。2009 年以后，它又着手在南部非洲进行系统的战略布局，陆续完成了一系列基于该区域社会经济整体发展并有利于建立中国在该区域战略引领优势的项目设计，并成功推动了相关谈判的进程及协议的签订。这些项目包括：刚果(金)国家资源公司、海岸自由贸易区、非洲国际发展银行(重组后的南非国家发展银行)、因加电站投资规划及南部非洲电力网规划、泛非航空公司组建方案、加丹加地区中国式城镇带规划、刚果(金)国家总体远景规划等。下一步，刚果（金）国家资源公司和海岸自由贸易区可以迅速推动人民币在经常项目下的结算；开发银行在南非的合资银行——非洲国际发展银行（DBI）可以申请成为地区清算行，建立便捷的人民币境外支付清算通道和网络；非洲国际发展银行（DBI）还可以成为开发银行在南非发放人民币开发项目贷款的实际载体，迅速打通人民币在资本金融项目下的“流出”通道。而且因加电站、泛非航空等平台将成为人民币项目贷款的承接方。

可见，将推动人民币在南部非洲实现国际化和建立非洲离岸人民币金融市场提升到国家战略的高度来实施，精心设计、主动出击，南部非洲离岸市场建设不仅大有可为，而且只要能充分利用当下人民币逐步走强的时间窗口，相对于其他区域人民币市场，该市场获得成功的赢面也更大。这样，人民币将在逐步实现“亚洲化”和“非洲化”之后，为从区域化迈向国际化打下坚实基础。

四　人民币在南部非洲实现流通循环的总设想

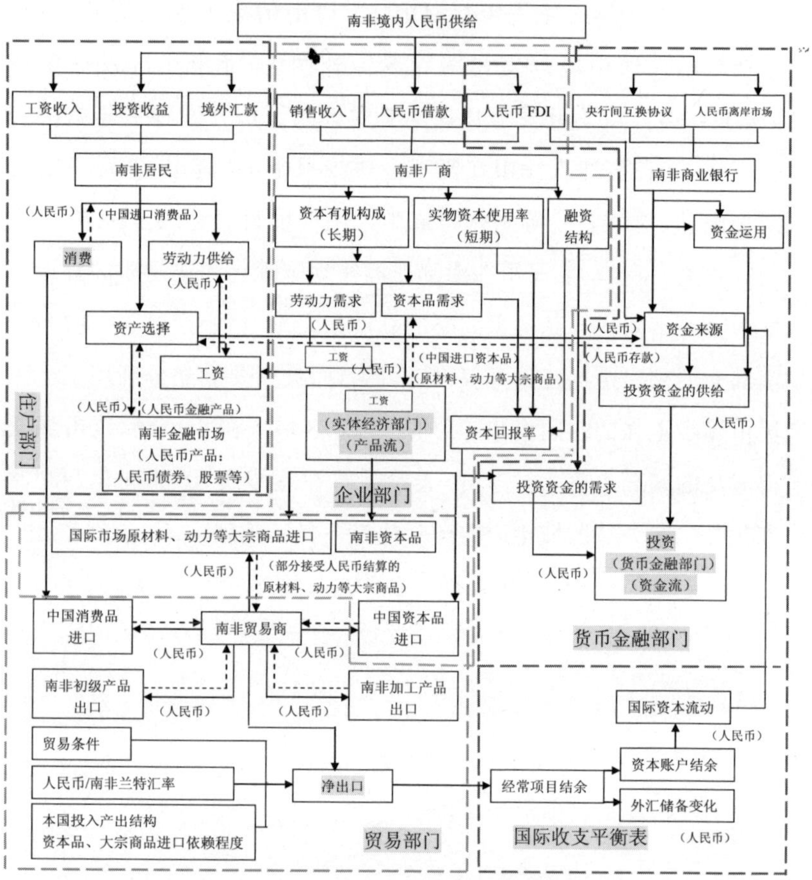

图 2　南非境内人民币流通循环机制

我们在本部分以南非为例，设计了人民币在南部非洲所有宏观经济部门循环流通的路径图（总循环图详见图 2，分循环图详见图 3、图 4、图 5 和图 6）。下一部分将结合人民币在非洲的循环流通设想，对南部非洲实施人民币国际化的战略进行详细的分步设计。

首先，我们分别从南非的住户部门（图3）、企业部门（图4）、贸易部门及国际收支平衡表（图5）、货币金融部门（图6）共四大宏观经济部门入手，对人民币在南非的流通循环进行详细的图构和深入分析。

（一）人民币在南非住户部门的流通循环

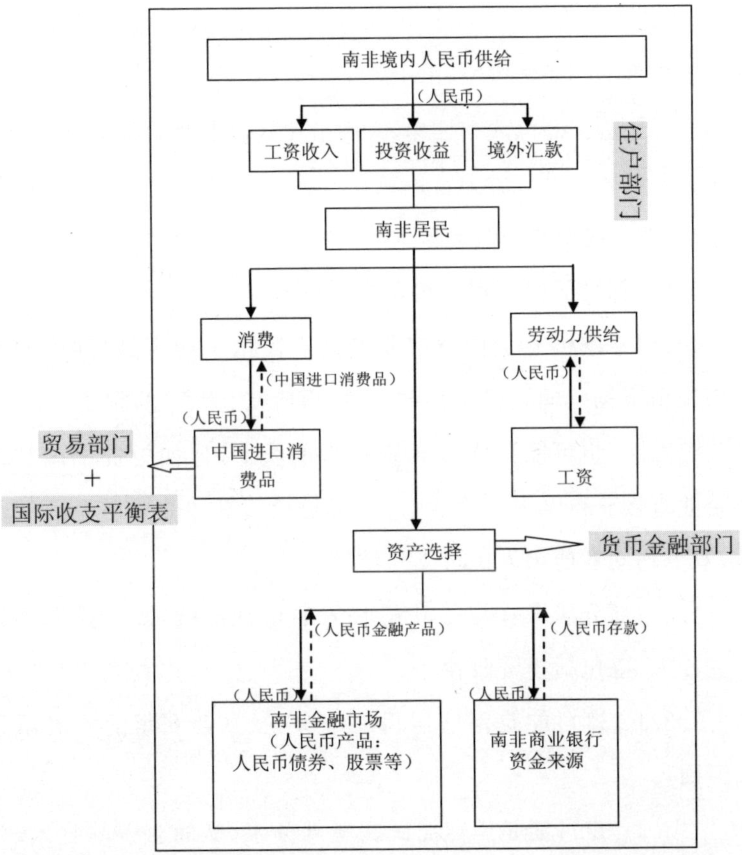

图3 人民币在非洲住户部门的流通机制（以南非为例）

1. 从来源上看，南非住户部门(household)的人民币供给大体有三个来源：

1.1 部分居民在南非境内提供劳动力获得的工资收入

1.1.1 既可能是中国驻南非企业直接支付的人民币工资报酬；

1.1.2 也可能是非中国企业支付的报酬中，用人民币支付和结算的部分。可以设想，如果今后人民币在南非成为一种强势货币，且南非货币当局允许人民币部分流通的话，这一点并不难实现。在其他更多南部非洲国家，由于本币疲软，且币值过度波动，随着人民币国际化进程的深入和加速，人民币和其他主要储备货币(美元、欧元甚至日元)一样，成为普遍被接受的货币，广泛运用于流通(官方允许、默许或者禁止但实际流通于黑市)的可能性更大。

1.2 部分居民获得人民币投资收益

1.2.1 既可能是投资南非境内人民币金融产品(如南非离岸人民币市场上的人民币存款、人民币股票、债券)的收益；

1.2.2 也可能是实业投资获得的收益，比如投资中国驻南非企业直接获得的人民币收益；或者是投资其他非中国企业的收益，双方均同意使用人民币支付结算。

1.3 部分居民在海外获得收入的境外汇款，既包括海外的工资收入，也包括投资收益

1.3.1 既可能是南非居民在华务工、从商获得的人民币收入汇回；

1.3.2 也可能是南非居民在境外务工、从商获得的收入，兑换为人民币汇回。如果今后人民币日益成为一种币值坚挺的强

势货币，不仅成为大部分国家货币当局的储备货币，也会逐步变成很多国家居民的价值储藏手段。

2.南非居民的三种行为将决定人民币在南非的流向。

2.1 劳动力供给

毋庸置疑，南非居民牺牲闲暇，提供劳动力，将在要素市场上获得工资报酬，其中用人民币支付的部分，详见1.1和1.3。

2.2 消费

2.2.1 使用人民币直接在中国进口消费品商店（或免税店）消费；

2.2.2 如果人民币已在南非成为被商户广泛接受的完全流通或半流通货币，可以想象部分居民也会使用人民币消费其他商品；

2.2.3 从宏观的角度而言，国民经济的总消费分为住户部门（本研究省略了政府消费）对本国消费品和对进口消费品的消费两部分。如果进口中国消费品并使用人民币结算，我们就建立了人民币在南非流通机制中住户部门和贸易部门的关联。

2.3 资产选择

2.3.1 居民的可支配收入，除去消费的部分，形成储蓄；而居民的资产选择行为将部分决定南非住户部门持有人民币的流向。

2.3.2 一部分资金将变成人民币存款进入南非的商业银行体系，这是人民币最基础的回流机制，也是人民币在境外任何国家实现正常循环的必要条件。持有人民币的外国人，不可能长期持有人民币现钞，而必须持有相应的人民币资产。否则，人民币国际化就会永远停留在单纯实现境外贸易结算的阶段，人民币无法成为真正的国际货币。因此，设计人民币国际化战略时设计相应回流再循环机制，是重中之重。

2.3.3 条件成熟的离岸市场，应该可以为人民币持有者提供除人民币存款之外的金融产品，比如人民币债券甚至人民币股票。目前，香港离岸人民币市场已经开始提供人民币债券产品，对南非离岸市场的建设有较强参考价值。

2.3.4 从宏观的角度而言，良好的人民币产品开发和资金回流机制设立以后，我们就建立了人民币在南非流通机制中住户部门和货币金融部门的关联。

（二）人民币在南非企业部门的流通循环

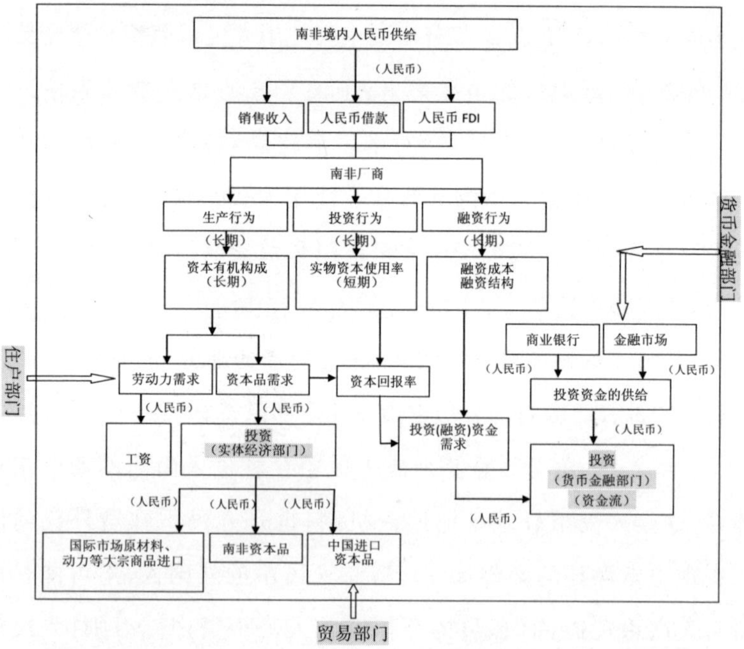

图 4 人民币在非洲企业部门的流通机制（以南非为例）

1.从来源上看,南非企业部门的人民币供给大体有三个来源:

1.1 部分企业在南非境内获得的销售收入

1.1.1 既可能是中国驻南非企业销售产品收取的人民币销售收入;

1.1.2 也可能是非中国企业销售产品,买卖双方均同意使用人民币支付和结算的部分。

1.2 部分南非企业在商业银行获得的人民币借款

1.2.1 这也是人民币国际化战略的重要组成部分,相当于南非企业在人民币贸易结算截留资金,可以从商业银行获得人民币资金注入(比如项目贷款)。

1.2.2 和人民币 FDI(Foreign Direct Investment)一样,对于中国货币当局而言,同属于资本和金融项目下人民币资金的流出,由于目前中国尚未完全实现资本项目的自由兑换,对资本和金融项目下的资金流动仍实施较为严格的管理。

1.2.3 目前,对于中国商业银行提供境外人民币项目贷款,已在部分地区开展,积累了经验。2009 年下半年,经过中国人民银行批准,中国商业银行的境外项目人民币贷款开始个案试点。2011 年 4 月,中国人民银行印发《关于境内银行业金融机构境外项目人民币贷款的指导意见》,对境内银行的境外项目人民币贷款业务进行了规范。2012 年 6 月深圳前海深港现代服务业合作区还开展了跨境双向(深圳前海和香港)人民币贷款业务。

总体上评估,境内银行境外项目人民币贷款业务整体进展顺利,但受制于境内外利差等因素影响,境外项目人民币贷款总量相对有限。截至 2013 年末，境外项目人民币贷款合同金额 1040.78亿元人民币，余额 402.25 亿元人民币。但这些早期试点，既为我们设计人民币资金池境外放款业务，推动人民币对非洲输出提供了政策上的先例，也为我们的战略设计提供了可资利用的经验和教训。

1.2.4 人民币贷款来源，既可能是从中国商业银行、中国南非人民币清算行，待人民币国际地位逐步提升以后，也可能是国际跨国商业银行集团和南非本土的商业银行。

1.3 人民币 FDI，相当于利用人民币对非进行直接投资。既能配合加大中国对海外投资的国家战略，又能对投资国直接输出人民币，为人民币在境外大规模循环创造重要的前提条件。这也是美元国际化历程中，通过马歇尔计划迅速提升美元在欧洲的地位、逐步形成欧洲离岸美元市场、击败英镑国际储备货币地位的关键之举。应该是设计非洲人民币区的重要支点。

2.南非厂商的生产行为、投资行为和融资行为，将部分决定他们手中的人民币在南非的流向。

2.1 生产行为

2.1.1 资本有机构成将在长期决定企业的劳动力需求和资本需求。

2.1.2 南非本土企业或中国驻南非企业在要素市场上用人民币支付工资，将会形成南非住户部门的人民币工资收入。宏观来看，我们就在此建立了人民币在南非流通机制中住户部门和厂商部门的关联。

2.1.3 从投资的实物流角度来看，南非本土企业或中国驻南非企业在要素市场上用人民币购买原材料和资本品，也是人民币从南非厂商部门流出的重要机制。具体而言，既可能直接使用人民币购买中国进口的资本品；也有可能在国际大宗商品市场上购买人民币计价并接受人民币支付结算（人民币成为重要国际货币后的理想状况）的原材料和动力产品；当然，购买南非本土制造的资本品，对方也可能接受人民币支付。

2.2 投、融资行为

2.2.1 短期来看，南非企业的实物资本使用率（资本的边际产品）和资本品需求决定了企业的投资回报率。

2.2.2 南非金融市场的结构（比如间接融资、直接融资的可获得性、便利程度和成本）、南非企业的融资策略（以自源性融资为主，还是商业银行贷款或金融市场发行为主）决定了企业融资结构和综合（加权平均）融资成本。

2.2.3 南非企业的资本回报率和综合融资成本决定了企业投资（同时也是融资）资金的需求。

2.2.4 南非企业获得人民币融资资金的渠道大体有三类：第一是自源性融资，即企业生产运营中积累的人民币资金，继续用于扩大再生产；第二是间接融资，即从商业银行直接获得人民币贷款（详见本节 1.2）；第三是直接融资，即在南非金融市场发行人民币债券或人民币股票。

目前，我国境外 9 大人民币离岸市场中（香港、澳门、台湾地区，新加坡、英国、德国、法国、卢森堡和韩国）只有香港离岸市场推出了人民币债券产品。经过近 4 年的发展，其发债主体日益多元化，包括了我国财政部、国内银行、境外银行、国际金融机构和企业。债券的期限种类也进一步增加，范围可覆盖 5—20 年。从香港人民币债券利率结构来看，目前主要以中短期品种为主，香港人民币债券收益率曲线基本形成。截至 2014 年 6 月末，香港累计发行人民币债券 5161 亿元，其中境外机构在港累计发债 3041 亿元，财政部在港累计发债 960 亿元，内地机构在港累计发债 1160 亿元。香港市场人民币债券的发展也将为我们设计南非人民币债券的发行、交易制度提供宝贵经验。

（三）人民币在南非贸易部门的流通循环

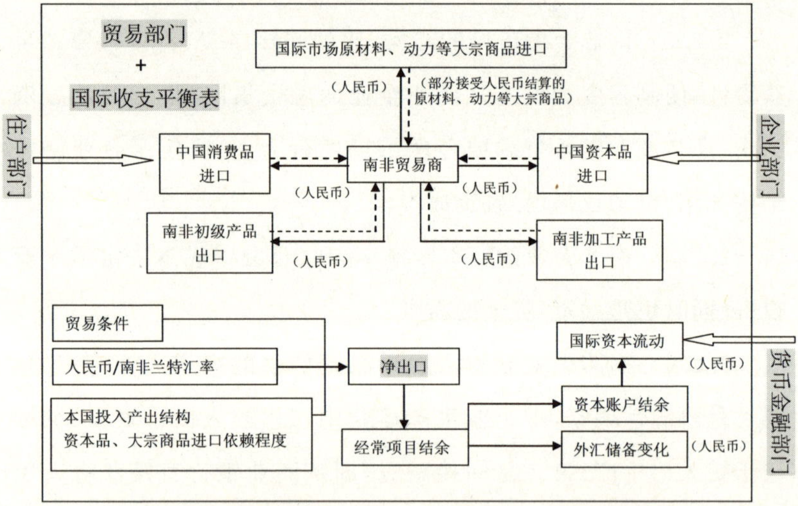

图 5 人民币在非洲贸易部门的流通机制（以南非为例）

1. 应该说，人民币进入南非的流通，最先从贸易部门结算开始，我们先从商品进口需求开始分析：

1.1 为了满足南非消费者的部分消费需求，南非贸易商需要进口部分消费品：

1.1.1 其中从中国进口消费品，可能直接使用人民币结算，这是当前人民币国际化过程中，最普遍的实践和最通畅的渠道；

1.1.2 当人民币成为一种普遍接受的国际货币以后，南非进口商进口其他消费品，也可能使用人民币结算。

1.2 同样，为了满足南非厂商的生产需求，南非贸易商需要进口资本品。

1.2.1 进口中国制造的资本品，理想状况是南非贸易商使用手中结存的人民币或向南非商业银行申请使用人民币贷款进行结算；

1.2.2 同样，如果人民币在南非甚至在整个南部非洲都成为普遍接受的国际结算货币，更理想的状况是，即使进口非中国生产的资本品，南非贸易商也使用人民币结算。

1.3 除资本品之外的其他原料，包括燃料、动力及其他大宗商品，也是厂商生产过程中的必需品，除国内可以供应的部分，大多国家需从国际市场上进口以满足国内需求：

1.3.1 如果人民币国际化进程推进顺利并进展迅速，在国际大宗商品市场上，可有部分产品通过人民币计价并结算，南非贸易商采购这部分产品时，可以使用人民币结算；

1.3.2 即使国际大宗商品市场没有实现人民币计价，但部分产品也可能实现人民币支付结算，对于这类产品，南非贸易商可以使用手中结存的人民币或向南非商业银行申请使用人民币贷款进行结算。

2.从商品出口角度分析：

2.1　对于南非初级产品出口，最理想的状态就是南非贸易商可以接受人民币直接结算，某种程度上看，一国货币国际化的进程中使用本币在进口贸易中结算的难度大于出口贸易中使用本币结算。

2.2　同理，对于南非的加工制成品出口，理想状态是南非出口商接受中国进口商的人民币支付。

3.服务的进出口情况与商品进出口类似，在此不再赘述。

4.南非进出口的贸易条件，南非兰特与人民币（以及其他国际储备货币）之间的汇价，南非厂商的投入产出结构及对资本品、大宗商品进口依赖程度等因素将综合决定南非经常账户的净出口。

5.从南非国际收支平衡表的角度，南非经常账户的结余状况（盈余或赤字）将部分决定南非金融和资本账户的结余状况和外汇储备的变化额。这样，经常项目下的人民币流动及其结余，也会部分影响资本和金融项目下的人民币流动及其结余；如果人民币已经成为南非官方的储备货币，经常项目和资本以及金融项目下的人民币流动，还会共同影响南非外汇储备（包括人民币外汇储备）的变动。

5.1　假设南非出现经常项目盈余，比如同时出现正的商品净出口、正的服务净出口和正的经常性转移净流入，或者是正的商品净出口抵消了负的服务净出口和负的经常性转移净流出，又或者是正的经常性净流入（境外务工人员的汇款流入）抵消了负的商品净出口和负的服务净出口等不同情况，假设南非经常项目全部或主要使用人民币结算,这意味着人民币在经常项目下的净流入。

5.1.1 如果南非在经常项目盈余的背景下,同时出现资本和金融项目的盈余,比如同时出现FDI的持续净流入和其他资本净流入,或者FDI的净流入抵消了其他资本净流出。或者倒过来,其他资本净流入抵消了南非对外直接投入ODI(Overseas Direct Investment)的净流出,这意味着南非出现了经常项目、资本和金融项目双顺差结构,必然导致南非外汇储备的加速积累。同理,如果假设南非的资本和金融项目也全部或主要使用人民币结算,那么经常项目、资本金融项目下的人民币双流入,必将导致南非人民币外汇储备的上升。

5.1.2 如果南非在经常项目盈余的背景下,出现了资本和金融项目的赤字,即人民币在资本金融账户下的净流出,那么当经常账户的盈余抵消了资本金融项目的赤字后,南非人民币外汇储备的上升会小于双顺差结构下的人民币外汇储备积累。同理,如果经常账户的盈余小于资本金融项目的赤字,南非人民币外汇储备还会相应减少。

5.2 假设南非出现经常项目赤字,而南非经常项目全部或主要使用人民币结算,这意味着人民币在经常项目下的净流出:

5.2.1 如果南非在经常项目赤字背景下,同时出现资本和金融项目的赤字,即出现经常项目和资本金融项目双逆差结构,必然导致南非外汇储备的加速下降,如果假设南非外汇储备主要构成是人民币,那么人民币外汇储备则相应下降。

5.2.2 如果南非在经常项目赤字背景下,出现了资本和金融项目的盈余，即人民币在资本金融账户下的净流入，那么南非外汇储备恶化的情况就不如双逆差结构下那么严重。假设资本和金融账户下的外汇流入（比如人民币流入）超过了经常账户下的外汇流出（比如人民币流出），南非外汇储备（在这种情况下主要是人民币储备）状况还会得到一定程度改善。

6. 南非的贸易部门及其国际收支平衡表是研究和推动人民币在南非流通的关键部门。宏观上看，人民币在南非的流通，通过南非的国际收支平衡表进入南非的住户部门、企业部门和货币金融部门。

7. 再进一步说，如果人民币在整个南部非洲都成为普通被接受的计价货币、结算货币和储备货币，那么南非和其他南部非洲国家发生国际收支表平衡表往来时，情况也和上述分析类似。

（四）人民币在南非货币金融部门的流通循环

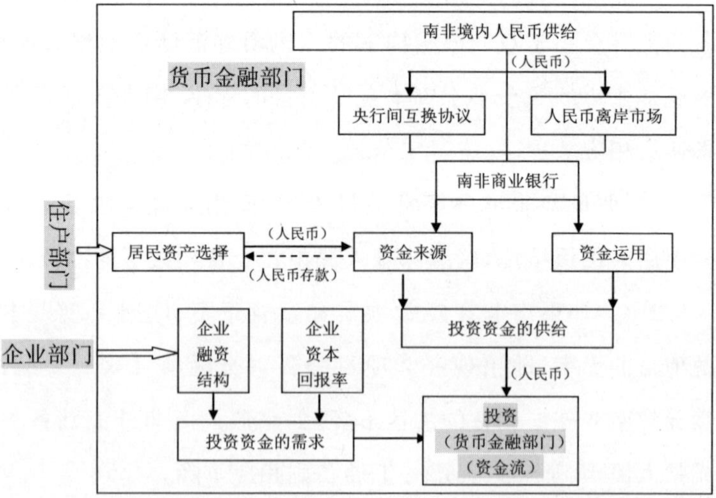

图6 人民币在非洲货币金融部门的流通机制（以南非为例）

1. 从国际循环的角度，南非货币金融部门（为简化，我们暂时忽略金融市场上的其他机构和产品，以分析南非商业银行为主）的人民币流入主要有以下几个来源：

1.1 直接通过央行间货币互换协议获得的人民币。

1.2 从人民币离岸市场上筹得的人民币资金。当前我国境外已有 9 大人民币离岸市场（香港、澳门、台湾地区，新加坡、英国、德国、法国、卢森堡和韩国），其中香港离岸市场发展最为成熟。如果今后南非建成了自己的离岸市场，那么这将成为南非商业银行获得人民币资金的重要来源。

1.3 一种比较特殊的情况，即南非商业银行直接得到了中国机构的投资，经协议，以 FDI 的方式获得了人民币。

2. 从人民币在南非境内循环的角度而言，南非的商业银行扮演了资金中介的角色，沟通了住户部门和企业部门。南非的住户部门提供了南非商业银行的人民币资金来源，而南非的企业部门决定了商业银行的人民币资金运用。

3. 住户部门的资产选择行为决定了南非商业银行的人民币资金来源。

3.1 南非住户部门的资产选择行为具体包括两个部分，简言之，存银行或者购买其他金融产品。无论哪种行为，都导致资金由住户部门流向商业银行，存银行导致了资金直接流入；而购买其他金融产品的资金，也会通过其他金融中介，间接由住户部门流向商业银行。

3.2 我们在住户部门已经分析过（详见住户部门分析 2.3），

如果南非住户部门持有人民币现金，而南非的商业银行可以提供人民币存款，就形成了一个良好的人民币回流机制。因为南非居民需要人民币资产作为一种可行的财富储藏手段，而不是简单持有人民币现钞或现汇。这也是任何人民币离岸市场得以长期稳定发展的基本条件。否则，人民币国际化仅停留在贸易结算领域，很难成为居民和企业部门普通使用的外国货币。条件成熟后，如果还有类似人民币债券、股票或基金等金融产品可投资，人民币在南非居民部门和货币金融部门的循环流通机制就更加成熟和通畅。

4. 企业的融资行为决定了南非商业银行的人民币资金运用行为。

4.1 南非的金融市场结构很大程度上决定了南非企业的融资结构，进而决定了南非企业的加权平均融资成本（详见企业部门分析 2.2.2），再结合企业的资本回报率，决定了企业的融资需求。

4.2 南非企业的融资需求部分决定了南非商业银行的资金运用行为。如果南非企业可以向南非商业银行申请人民币贷款，将形成一个人民币回流机制。

五 在南部非洲实现人民币国际化具体战略设计

第一步：尽快开展货币当局之间的双边货币合作，建立资金互动的基础。

当前双边货币当局之间的本币合作大体有两种方式，一是签订双边本币互换协议，二是签订双边本币结算协议。

截至 2013 年底，中国人民银行累计与境外央行签署了 23 个双边本币互换协议（表 5），总规模超过 2.5 万亿元人民币，互换范围扩展到了欧元、英镑等主要国际储备货币。20 世纪 90 年代以来，中国人民银行与多家周边国家央行签署了双边贸易本币结算协定，推动在贸易中直接使用本币进行结算，以便利双方企业规避汇率风险，促进双边经贸往来。截至 2013 年末，中国人民银行共与 7 家境外央行签订了边境贸易双边本币结算协定，与俄罗斯和白俄罗斯中央银行签署了一般贸易本币结算协定（见表 6）。

表 5　中国人民银行和境外央行双边本币互换一览表

序号	国别	协议签署时间	互换规模	期限
1	韩国	2009.4.20 2011.10.26 续签	1800 亿人民币/38 万亿韩元 3600 亿人民币/64 万亿韩元	3 年
2	中国香港	2009.1.20 2011.11.22 续签	2000 亿人民币/2270 亿港元 4000 亿人民币/4900 亿港元	3 年
3	马来西亚	2009.2.8 2012.2.8 续签	800 亿人民币/400 亿林吉特 1800 亿人民币/900 亿林吉特	3 年
4	白俄罗斯	2009.3.11	200 亿人民币/8 万亿白俄罗斯卢布	3 年
5	印尼	2009.3.23 2013.10.1 续签	1000 亿人民币/175 万亿印尼卢比	3 年
6	阿根廷	2009.4.2	700 亿人民币/380 亿阿根廷比索	3 年
7	冰岛	2010.6.9 2013.9.11 续签	35 亿人民币/660 亿冰岛克朗	3 年

续表

序号	国别	协议签署时间	互换规模	期限
8	新加坡	2010.7.23 2013.3.7 续签	1500 亿人民币/300 亿新加坡元 3000 亿人民币/600 亿新加坡元	3 年
9	新西兰	2011.4.18	250 亿人民币/50 亿新西兰元	3 年
10	乌兹别克斯坦	2011.4.19	7 亿人民币/1670 亿乌兹别克苏姆	3 年
11	蒙古	2011.5.5	100 亿人民币/2 万亿蒙古图格里克	3 年
12	哈萨克斯坦	2011.6.13	70 亿人民币/1500 亿坚戈	3 年
13	泰国	2011.12.22	700 亿人民币/3200 亿泰铢	3 年
14	巴基斯坦	2011.12.23	100 亿人民币/1300 亿卢比	3 年
15	阿联酋	2012.1.17	350 亿人民币/200 亿迪拉姆	3 年
16	土耳其	2012.2.21	100 亿人民币/30 亿土耳其里拉	3 年
17	澳大利亚	2012.3.22	2000 亿人民币/300 亿澳大利亚元	3 年
18	乌克兰	2012.6.26	150 亿人民币/190 亿格里夫纳	3 年
19	巴西	2013.3.26	1900 亿人民币/600 亿巴西雷亚尔	3 年
20	英国	2013.6.22	2000 亿人民币/200 亿英镑	3 年
21	匈牙利	2013.9.9	100 亿人民币/3750 亿匈牙利福林	3 年
22	阿尔巴尼亚	2013.9.12	20 亿人民币/358 亿阿尔巴尼亚列克	3 年
23	欧洲中央银行	2013.10.8	3500 亿人民币/450 亿欧元	3 年

（数据来源：中国人民银行）

表 6 双边本币结算协定签订情况

<table>
<tr><th>序号</th><th>国别</th><th>签署日期</th><th>结算货币</th><th>有效期</th></tr>
<tr><td>1</td><td>越南</td><td>1993.05.26 签署
2003.10.16 修订</td><td>双方货币</td><td>有效期 3 年，可自动延期</td></tr>
<tr><td>2</td><td>蒙古</td><td>2004.07.05</td><td>双方货币</td><td>有效期 3 年，可自动延期</td></tr>
<tr><td>3</td><td>老挝</td><td>2002.02.04</td><td>双方货币</td><td>有效期 3 年，可自动延期</td></tr>
<tr><td>4</td><td>尼泊尔</td><td>2002.06.17</td><td>人民币</td><td>有效期 2 年，可自动延期</td></tr>
<tr><td rowspan="2">5</td><td rowspan="2">俄罗斯</td><td>2002.08.22</td><td>双方货币</td><td>2011.06.23 新的协定签署后终止</td></tr>
<tr><td>2011.06.23</td><td>双方货币</td><td>有效期 1 年，可自动延期</td></tr>
<tr><td>6</td><td>吉尔吉斯斯坦</td><td>2003.12.18</td><td>双方货币</td><td>有效期 3 年，可自动延期</td></tr>
<tr><td>7</td><td>朝鲜</td><td>2004.10.26</td><td>人民币</td><td>有效期 3 年，可自动延期</td></tr>
<tr><td>8</td><td>哈萨克斯坦</td><td>2005.12.14</td><td>双方货币</td><td>有效期 3 年，可自动延期</td></tr>
<tr><td>9</td><td>白俄罗斯</td><td>2010.03.24</td><td>双方货币</td><td>有效期 3 年，可自动延期</td></tr>
</table>

（数据来源：中国人民银行）

尽快推动中国央行与南非等南部非洲主要国家的货币当局开展货币互换业务，将为通畅人民币流出，便利双边贸易和投资打下坚实基础。这属于在南部非洲推动人民币国际化的金融基础设施建设，是拓展业务的第一步，必当先行。在短期之内难以通过政策协调，直接推动中国人民银行与南非等国的货币当局签订双边本币互换协议，可考虑先推动与南非等国的货币当局建立双边本币结算协议，待时机成熟后，再推进双边央行开展全面的货币合作。

第二步：设计并建立人民币进入非洲的清算通道。

这一步骤决定了人民币现钞或现汇如何实际进入非洲的清算体系，我们为此设计了三种模式：

一是非洲国家货币当局直接利用双边本币互换协议下的人民币互换资金模式；

二是清算行模式；

三是境内代理行模式。

1. 非洲国家货币当局直接利用双边本币互换协议下的人民币互换资金模式

在这一模式下，非洲某国央行或货币当局先与中国央行签署双边本币互换协议，以此为背景，应推动南非央行宣布南非和中国的企业在贸易结算中可以直接使用双边本币互换协议下的资金，即将互换资金借给南非银行业金融机构，以支持双边贸易人民币结算。

我们以南非进口商使用人民币进口中国商品为例，将两国银行和企业使用互换资金的具体程序设计如下（详见图 7）：

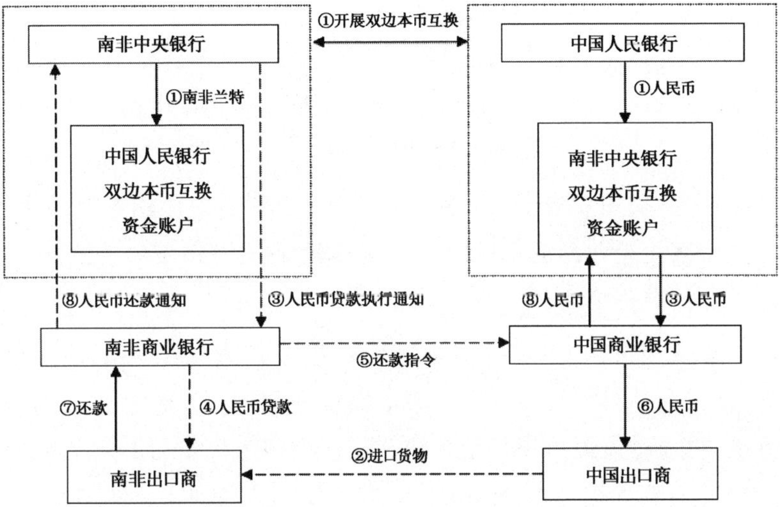

图 7 利用双边货币合作项下的人民币互换资金模式

（以中国出口、南非进口，进行双边贸易结算为例）

1.1 南非央行和中国央行启动互换协议，南非央行将一定金额南非兰特存入中国央行开在南非央行的南非兰特账户；中国央行将相应金额人民币存入南非央行开在中国央行的人民币账户。

1.2 南非进口商从中国出口商处进口商品，约定以人民币结算，并向南非某银行申请人民币贷款。

1.3 该南非银行向南非央行申请人民币互换资金贷款。南非央行核准后，将人民币互换资金转账至该南非银行开立在中国某家银行的代理行账户。

1.4 该南非银行与南非进口商签订人民币贷款合同。

1.5 该南非银行通知在中国的代理行将人民币资金转账至中国出口商账户。

1.6 中国代理行完成对中国出口商的支付。

1.7　南非进口商到期后偿还人民币贷款。

1.8　该南非银行收到进口商偿还的人民币贷款后，通过其中国代理行将人民币资金转账至南非央行开立在中国央行的人民币账户。

这样，动用双边本币互换资金，在双边贸易中使用本币结算，有利于减少企业的汇率风险和交易成本，促进双边贸易的发展。

2.清算行模式

在这一模式下，中国贸易商将款项支付到其境内结算银行后，该境内结算银行需将汇款指令发送到中国人民银行大额支付系统，再通过人民币境外某个清算行在中国人民银行开立的账户进行人民币资金的跨境清算，最后才发到南非客户的结算银行（详见图8）。

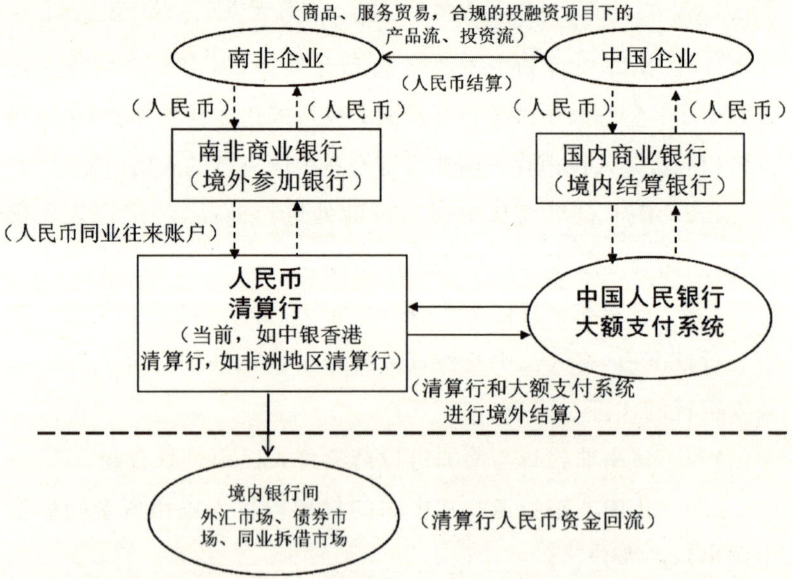

图8　人民币清算行模式示意图（以中国与南非企业贸易结算为例）

目前,当前中国境外的人民币清算行共有四个,即香港清算行、澳门清算行、台湾地区清算行和新加坡清算行。港、澳清算行可以直接接入中国人民银行的大额支付系统,通过中国人民银行跨行支付系统与境内银行传递清算信息,境外参加行通过在港澳清算行开立人民币同业往来账户开展跨境人民币业务的结算。台湾地区清算行和新加坡清算行则需要通过其总行或总行指定的境内分行接入人民币大额支付系统,境外参加行通过在其开立的同业往来账户进行人民币业务的结算。

3.境内代理行模式

在这种模式下,由于非洲自己本土的人民币清算行缺位,位于撒南非洲的境外参加行通过与加入了中国人民银行大额支付系统且已开办国际结算业务的中国某境内银行签订代理结算协议,在该银行开立人民币同业往来账户,利用国内现有的人民币清算体系实现人民币资金跨境清算和结算(详见图9)。

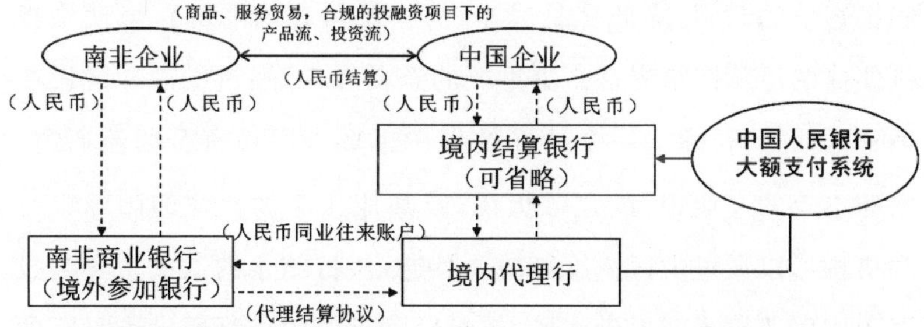

图9 境内代理行模式示意图(以中国与南非企业贸易结算为例)

第三步:择机推动人民币与南部非洲主要储备货币(可考虑南非兰特先行)的挂牌交易,建立人民币在南部非洲流通的计价基础。

推动人民币与南部非洲主要货币(例如南非兰特)的直接交易,有利于直接形成人民币与南非兰特之间的比价,不需再通过人民币/美元和兰特/美元的汇价进行套汇,从而形成一个人民币在区域离岸市场上的直接买卖和定价机制,有利于完善所有南非人民币离岸资产(如南非居民部门持有的人民币离岸存款、人民币离岸债券、人民币离岸股票等,南非商业银行的离岸人民币贷款等)的价格形成机制,进而保障人民币在南非能够通畅地流通和循环。随着人民币在南非的接受程度和流通程度逐步提高,这也将是必不可少的一项金融基础设施建设,应择机推动此项业务现行启动。

第四步:坚决推动南非国家发展银行重组(南非财政部建议重组后命名为非洲国际发展银行,简称 DBI),并由我国在相当长时期内主导 DBI 的运营,努力将其建设成为南非乃至全南部非洲的人民币清算行,夯实南非人民币离岸中心建设的基础。

建立区域清算行的重要性不仅仅在于能为清算双方的企业和银行节约时间,降低交易成本,为人民币在南非的跨境使用提供便捷的清算网络支持。更重要的意义在于,通过发展和建设非洲地区清算行,建立一个通畅的离岸市场人民币资金回流通道。南非本土的商业银行、金融机构,或其他在非洲营业的国际银行和机构可以通过地区清算行的清算通道,将结余的人民币资金投资于中国的银行间拆借市场,或者投资于中国央行所批准投资的其他中国子市场,甚至流向境外的其他人民币离岸市场,以获取一个合理的收益,从而帮助持有人民币的相关方彻底摆脱仅仅持有人民币现钞或现汇的境地,借由该通道直接或间接持有人民币资产。人民币在当前和未来很长一段时间内将相对于国际主要储备信用货币稳定升值,已经是南部非洲地区住户部门、企业部门和货币金融部门广泛接受人民币支付结算的坚实经济基础,如果经由清算行的设立再为其提供一个人民币资产保值增值的通道,势必进一步增加人民币在非洲的吸引力。这种回流机制和通道的设立,能使人民币在南部非洲的跨境使用,迅速摆脱仅仅停留在贸易结算领域,难以彻底切入非洲住户部门、企业部门和货币金融部门的局面,形成全面循环。

第五步:大力推进中国与南部非洲各国企业之间的跨境贸易人民币使用。

当前人民币在经常项目下跨境使用的政策框架已经十分清晰,政策限制较少,业务发展较为成熟,南部非洲人民币国际化战略可在这一领域获得迅速发展。

●利用好刚果(金)国家资源公司、中非发展基金、海岸自由贸易区、因加电站投资规划、泛非航空项目、南部非洲基础设施规划这些骨干项目平台,推动区内南非和中国企业在经常项目项下结算使用人民币。如今南部非洲缺乏自己本土的强势信用货币,对于大部分当地企业而言,接受人民币支付,未尝不是人民币中长期相对于美元、欧元和日元等主要结算货币全面走强这一大背景下的一种选择。而上述平台中的当地企业,大部分会和中国企业发生贸易联系,接受人民币结算更加水到渠成。

●重点推动人民币与南非兰特的双边货币互换协议尽快签署,之后争取推动南非央行直接利用双边本币互换协议下的人民币互换资金，协助南非企业进行经常项目下的资金清算，而中方主导的合资银行——非洲国际发展银行这时应该是首选的试点行。如果这一步实现有困难，也可利用国内银行在境内现成的结算通道，推动建立境内代理行清算模式。

●较为理想的模式是使用清算行模式，需要推动中方主导的合资银行——非洲国际发展银行成为中国指定的在非清算行，直接接入中国人民银行大额支付系统。

●扩大贸易项下人民币跨境结算和使用过程中，相对比较容易解决的是中国企业购买非洲产品，非洲贸易商接受人民币支付甚至定价。而对于非洲贸易商购买中国产品的情况，如果要推动使用人民币进行跨境结算，难点往往在于非洲贸易商手中没有足够的人民币满足支付需求。这时候人民币项目贷款等人民币对非流入的机制设计将变得弥足重要。

第六步：依托国内机构在境外的开发性金融的平台，拓展南部非洲的跨境投融资人民币业务。

●借鉴战后“马歇尔计划”协助美国顺利建立欧洲美元区的成功经验，中方可依托自己在南非的合资银行——非洲国际发展银行，利用自身开发性金融的有利平台优势，直接向南部非洲的企业和金融机构提供人民币项目贷款，这将成为双边央行货币互换协议之外，另一个有力的人民币注入通道。

●仅依靠非洲贸易商出口产品并收取人民币这一渠道，无法为南非的企业部门和贸易部门注入足够的人民币资金，很难实现人民币南部非洲的大循环。人民币在南部非洲的流通量和交投活跃程度,决定了非洲人民币国际化和离岸市场战略的推进速度,因此,直接的人民币项目贷款资金注入是计划成败的关键。

●最初可尝试以试点的方式,直接向刚果(金)资源贸易公司和海岸贸易区注入人民币项目贷款,用于购买中国的设备、产品和服务。试点成功后,在总结经验教训的基础上,可将该业务逐步向南非甚至其他南部非洲国家的企业推广。

●由于人民币对非洲的流出,涉及中国对资本和金融项目的管理,必须审批。但深圳前海、江苏昆山、上海自贸区的试点和创新实践已提供了先例和可资借鉴的经验。

●此外,对非直接投资(ODI)是当前不少中国企业的境外投资的一个选项,如果国内银行能为这些ODI提供配搭人民币贷款资金,既便利了中国企业,降低其对外投资的汇兑风险,又配合了政府推进人民币在资金和金融账户下"走出去"的国家战略,同时结合了中方已在南部非洲开拓的平台和优势,对中方已经形成了"三赢"局面。对非洲企业而言,如果获得了人民币的FDI(相当于FDI+人民币项目贷款)可用于购买中国贸易商的设备、产品和服务,这种制度安排令其降低了交易成本,也会成为一种优选。进一步,设想人民币作为一种日渐坚挺的信用货币,在非洲逐步成为住户部门、企业部门、贸易部门和货币金融部门广泛接受的交易货币,甚至非洲央行的储备货币,那么接受人民币FDI的非洲企业可用这些人民币资金支付工资,在境内甚至其他南部非洲国家购买原材料,同时手中人民币现钞/现汇还可转换为相应的人民币资产实现保值增值,那么人民币FDI项目势必将在南部非洲获得巨大成功。

第七步:建设南部非洲人民币离岸市场

●如果说央行之间签订双边本币互换或双边本币结算协议解决了南非等国初始人民币注入问题,而推动中国的机构在南部非洲发放人民币开发性项目贷款则加大了这一货币投放力度并加快了该进程,那么适时推动建立建设南非人民币离岸市场则是完善注入非洲人民币资金回流机制的重点。毕竟,南部非洲地区的清算行,主要功能是提供清算便利,至于协助南部非洲人民币的回流,区域清算行只能提供部分通道。

●当然建立境外人民币离岸中心不可能一蹴而就,如果没有人民币在南部非洲地区的注入,且被非洲地区住户部门、企业部门和货币金融部门普遍接受并广泛运用,人民币离岸产品的开发设计和南非离岸市场的建立也没有实际意义。

●就离岸市场开发的具体思路,可考虑分几步走。第一,应首先考虑由中方的合资银行——非洲国际发展银行开发南非人民币存款类产品,让南非住户部门将手中的人民币转化为可获得稳定收益的人民币资产,形成一个人民币在本地的初级回流。第二,考虑由非洲国际发展银行设计开发针对南非企业的人民币资金管理服务,这类人民币金融服务的目的是为南非企业部门提供人民币资金管理的同时,便捷其人民币投资,也是人民币在南非本地回流机制设计的一部分。有了这类产品和服务,从中国境内或其他离岸人民币市场流入南非境内的人民币资金,就可以突破贸易结算后经由清算行或中国境内代理行,通过中国人民银行大额支付系统,重新回流至中国境内的传统业务模式,部分实现体外循环。可以预见,最先拥有该项业务需求的应该是驻南非的中国企业,其次是南非贸易商,最后随着人民币在南非的成功推广,其他南非企业也会参与其中。第三,启动中方商业银行在南非的人民币项目贷款,完成人民币跨境直接注入,这是推进离岸市场建设的关键一步。第四,时机成熟时,借鉴香港金融市场的经验,推动人民币债券和股票的发行。

●应该指出,尽管建立、建设南部非洲离岸市场,势必会因为中国当前尚未实现人民币资本项目的完全可兑换,遇到不少政策协调上的困难,但作为全面深化经济金融体制改革的一项重要内容,十八届三中全会报告已经明确要求"加快实现人民币资本项目可兑换"。当前及今后一段时期,积极推进人民币资本项目可兑换,势必成为很多政策制定部门贯彻落实中央决策部署的重要工作。中国人民银行也明确表示,未来一段时间的工作重点是进一步扩大资本市场和货币市场对外开放。具体部署包括:推动建立沪港股票市场交易互联互通机制,允许两地投资者通过当地证券公司或经纪商买卖规定范围内的对方交易所上市的股票,在条件成熟时,取消合格境内机构投资者、合格境外机构投资者的资格和额度审批;研究允许符合条件的境外机构到境内发行人民币债券等。在可以预见的将来,在南部非洲拓展开发性金融业务,进而推动南部非洲人民币离岸市场建设,必将遇到更为宽松的政策协调空间。当前最优时间、机遇窗口已打开,时不我待,大胆出击,定能大有斩获。

从“贫困的形式”到“精神的解放”

——“世界历史视野下的非洲与中国”会议发凡①

施　展②

对于中国人来说，非洲是一块熟悉又陌生的大陆。在反殖事业中与中国人并肩的战士，抬中国入联合国的黑兄弟，不可谓不熟悉；但如果细追究下去，非洲究竟需要什么？非洲对中国究竟意味着什么？恐怕又没谁能说得清楚，不可谓不陌生。

非洲问题、中非关系问题都太过复杂，一篇论文不可能说清。本文将聚焦于这样一个面向，即非洲与中国在各自的历史过程

① 本文是 2011 年 12 月 3—4 日上海世界观察研究院在海口召开的“世界历史视野下的非洲与中国”学术季度会议的发凡稿。在会议举办前后的近两年时间中，笔者有机会若干次参与到非洲的实地考察活动当中，获得了宝贵的实地经验。在本文的构思过程当中，上海世界观察研究院于向东先生提出的诸多颇具启发性的观点与建议，都体现在文中；亦感谢各位与会者的思想智慧。当然，文责自负。

非洲这个概念太过含糊，撒哈拉沙漠以北的非洲属于阿拉伯世界，与撒哈拉沙漠以南的非洲有着截然不同的历史逻辑；而南非虽然处在撒哈拉沙漠以南，由于其白人种族隔离统治的历史缘故，却也有着与其他撒南非洲地区不一样的历史逻辑。下文所谈非洲，除非特别注明，否则都是指除南非以外的撒南非洲。

② 作者现供职于外交学院外交学系。

中，逐渐呈现出发展上的耦合关系，该种关系将使得双方最终都能够获得一种精神上的解放。这一过程的展开，会令非洲与中国在过去的亲密政治关系，以及在今天的紧密经济关系，终于获得其历史哲学意义。

所谓精神解放，意指一个民族终于获得了一种根本性的自信与尊严，它必然伴随着对其他民族同等的自信与尊严的承认，否则便不过是无意义的自大狂。这样一种自信与尊严，使得该民族真正有能力去定义其自我价值，定义其历史与现实责任。民族的精神不再萎缩苟且，不再虚妄浮夸，而是有着对自我的一种深刻体认，有着对责任的坚毅担当。

对这重历史哲学意涵的表述，若无对现实物质过程的分析来支撑，将会流于虚浮；但若在讨论时过多进入对物质过程的分析，又将冲淡主题。故而本文第二部分专门讨论具体的物质过程。

一

本文的历史哲学讨论，将用亚里士多德哲学当中的“四因说”①来做解释框架，讨论非洲与中国如何分别从世界历史的“质料”成长为“形式”，从对自我与责任的无意识走向了有意识。

---

① 亚里士多德将宇宙间事物的根本原因划分为“四因”：质料因、形式因、动力因、目的因。亚里士多德定义质料为“事物所由产生的，并在事物内始终存在着的那些东西，如塑像的铜”，形式则是“表述出本质的定义”，如所塑之像。他更进一步解说，形式、动力、目的这三者“常常可以合而为一，因为形式和目的是同一的，而运动变化的根源又和这两者是同种的”。（[古希腊]亚里士多德：《物理学》，张竹明译，商务印书馆，1982 年，第 50、60 页）故而本文只论“质料因”与“形式因”这两因。

本文所谓世界历史的“质料”，是指并未表达出自己的主体意识的地区及人民，他们可能存在了很久，但尚不具备自己的形式（政治意识与自主的制度安排），作为客体，他们可能被以各种方式加以组合与管理，被动地参与到世界历史进程当中，被其他已表达出自己主体意识的民族－国家所形塑，并滋养后者的崛起。后者具有自己的“形式”——民族－国家，能够主动地参与到世界历史进程当中，通过对国内外各种质料的整合，以及彼此之间的竞争，进一步塑造出世界历史的“形式”。

于是，所谓“形式”，还可分为两个层面。一是就国家层面而言，即一群人是否表达出自己的政治意识并将其落实为一种制度安排，成为国际法权意义上的主体，这是任何国家都必须具备的一种形式。二是就世界秩序－世界历史层面而言，即一国是否能够表达出超越自我、具有普遍性的政治意识，并将其落实为一种超国家的制度安排，成为能担当世界历史责任的大国，其国家层面的形式还应与这一更高层面的形式相贯通。

任何国家“形式”，如果不与其所可依凭的“质料”相匹配，则终将流于虚妄。我们要追寻的是那种与质料相匹配的形式，它可以真正地转化为行动力量，真正地表达出一种主体意识；就大国而言，则能更进一步地参与到普遍秩序的构造之中，表达出世界历史的意义。

二

非洲以“质料”的身份走入了世界历史。

近代以前非洲也曾有过较为辉煌的历史与文化，建立了若干个大帝国，但是在近代之前陆续都湮灭了。直到西方人到来，非洲才被动地卷入了世界历史进程之中。

地理大发现之后，西方冒险家与殖民者开始了向海外的拓展。从 16 世纪到 18 世纪，西方处于商业帝国主义阶段，在非洲建立了一些贸易据点，并通过“三角贸易”积累了大量的财富。这些财富的到来深刻地改变了老欧洲，横向上使得财富在欧洲不同地区之间重新分配，纵向上则使得财富在欧洲不同阶层间重新分配，让欧洲进入了动荡时代。绝对君主开始崛起，它击败了分裂割据的贵族，赋予统一国家以“形式”，并由主权论将其表达出来。这些绝对主义国家出于争霸或自保之目的，战争频仍；人们也开始了驯化战争的努力，最终使得国际法体系逐渐成形，一种超国家的制度被建立起来，人们有了国际秩序层面的“形式”。此时的非洲只是作为一种外围的“质料”而存在，但正是这种“质料”促动了欧洲的变迁，滋养了欧洲的崛起。

到了 19 世纪的工业帝国主义阶段，尤其是 19 世纪后半段，西方开始了对非洲的疯狂瓜分。除极个别例外，非洲人在此过程中是没有任何发言权的。他们的家园被欧洲人在地图上依照尺规进行分割，一条条沿着经纬线厘出的界线框定了他们此后的命运。非洲进一步化作纯粹的“质料”，但是一种怪异的“形式”也由此开始出现。

西方对非洲土地的瓜分结果，具有国际法效力，构成国际秩序之“形式”的一部分。生活在非洲土地上的非洲人，要接受占据这块土地的宗主国的管辖权。他们有着自己与土地之间的“原生”关系，却因西方人带来的尺规疆域，而被强行捏合为一群“次生”臣民，或被拆解为不同的“次生”臣民。于是，这段历史上非洲的“形式”的基础不是有生命的非洲的“人”，而是无生命的非洲的“地”——“形式”本应因人而成，现在却因物而成——这是其怪异之处，也可说是“形式”的一种异化。

三

异化的“形式”里面蕴含着一种政治潜能。

民族主义伴随着现代教育以及现代战争[①]，在非洲也获得了传播。民族主义落实为现实秩序便是民族国家，这是“人”与“地”之间的联立治理关系。其中的核心是表达出民族的主体意识的“人”，“人”给定了民族国家的“形式”要素；“地”作为质料要素，因“人”的整合能力而获得意义。由于历史的原因，非洲却反其道而行，其土地具备了“形式”，“人”要因“地”而被整合。在殖民时期，“地”不属于非洲的“人”，所以还不是国家。但是它已具有成为国家的必备要素其中之一，只待有一种精神要素把非洲人的政治意

① 一战、二战中，英法都从非洲殖民地征召了大量土著士兵到欧洲战场参战。土著士兵在欧洲的耳濡目染使其对于民族主义有了基本的概念。

识表达出来，便可转化为国家，成为国际法权主体。

民族主义给了那些土著精英以一种将自己的主张包装为政治诉求的理论基础，他们刚好可将其适用于已具“形式”的土地之上，将其夺回来，建立属于非洲人自己的国家。20 世纪 60 年代后，诸殖民地陆续独立，成为非洲国家，各国的领土基本上是依照殖民疆界而定的。

但是细究其独立的过程便可知，这些国家用以表达自身的民族主义，并不是非洲人的政治意识的真正表达。因为它与非洲一般民众的精神之间并无实质勾连，而不过是精英的野心的一重包装。于是，独立后非洲国家的“形式”，便仍然是异化的，是一种“贫困的形式”。

这种异化的“形式”无法真正起到动员、凝聚民族和国家的作用，无法有效地将精英的野心转化为推动国家发展的力量，反倒因为精英的各种自利行为而令官民间上下睽违，部族间仇视丛生。于是，我们看到，大部分非洲国家在独立后都陆续推行了一系列失败的发展政策，耗竭了曾经积累的财富，中饱了有势力者的私囊。到冷战后，非洲国家更是掀起了多场血腥的内战，将国家彻底撕裂。

“贫困的形式”走向了它的极端，以致非洲国家被人们视为“失败国家”。

四

如果说非洲的问题在于“贫困的形式”，那么中国的问题则在于“形式的贫困”。

中国与非洲不同。无论就人口还是领土而言，中国都因其“质料”而是一个超大规模国家，其一举一动都会有某种世界性的影响。所以，中国的“形式”，天然地需要同时包含国家和世界秩序这两个层面的意涵。但是在近代以来的历史上，中国“形式”中这两重意涵并不总是相贯通的，往往还相互扞格。这亦可称为某种“异化”，其中又可看到几个阶段性的差异。

传统的中华帝国，毫无疑问提供了东亚秩序的“形式”，尤其是在清代，曾经不断困扰汉人王朝的北部边患问题也不再存在，帝国的“形式”与“质料”充分匹配。就当时的技术条件而言，可说这个阶段无所谓国家与世界之分，中华等于世界。但是中华帝国在清代走到了巅峰，也开始了其下降的路途。西方世界的冲击令帝国走向衰败，使得曾由中华来定义的东亚“形式”失去了意义，甚至中国本身也走到亡国的边缘。在外部异己力量的对照下，“国家”第一次构成了中国所要面对的问题。中国以一种难称被动亦难称主动的方式，开始具有了国际法权意义上的“形式”，但其在世界秩序层面上则逐渐沦为“质料”。这是“异化”的开端。

二战后中国又阴差阳错地重新成为“五强”之一，拥有了参与到世界秩序的构造中的资格，但是当时的国民政府，其视野中尚无世界面向。于是，它也就无法真正地理解，参与构造世界的“形式”对于我们国家的“形式”所可能具有的深远意义，其中所蕴含的能够用以整合中国“质料”的潜力完全未被发掘出来，以致在以世界为思考单位的共产主义力量的挑战下，国民政府回应起来总是格局不够，力有不逮，短短四年后便垮台了。

新政权的建立依托于对于这个社会的基本“质料”——底层人民的高度动员，将其整合在一种新的叙事结构之下，中国具有了一种与过去完全不同的“形式”。毛泽东时代的中国经历了多次外交战略的调整，从最初的“一边倒”，到后来的“两面开弓”，再到后来的“一条线、一大片”，最后定位为第三世界的领袖。从此，中国不仅具有了自己的“形式”，而且要将其与“三个世界”这样一种全球秩序之间的道路打通，形成中国自己的世界主张。中国的“形式”中，国家与世界这两重意涵重又联系贯通起来，这在近代以来是第一次。

然而，这个阶段中国的“形式”走向了另一个方向的异化。彼时的中国对自身，以及对世界秩序的理解，并不是基于现实物质过程这个“质料”基础之上的。在这一阶段，我们对于世界的真实运作逻辑茫然无知，于是我们所构造的中国的“形式”以及由此延伸出来的对内对外政策，往往更多是以意识形态为透镜而对世界秩序的一种不正确的折射。它们无法转化为真实的国家利益，国家甚至常常反受其累，宏大的视野与孱弱的国力之间完全不匹配。我们并未找到适切的“形式”，此即“形式的贫困”。

五

嗣后的中国转入了改革开放的路向。中国在实践上放弃了过去的革命主义世界秩序观念,加入了世界市场。在一个覆及全球的资本秩序当中,中国成功地发挥了自己的比较优势,实现了经济上的崛起。

中国从经济秩序——“质料”层面——上,不再是与世隔绝,而是融于世界秩序之中,有了一种世界主义面向。但是,我们在“形式”层面上则开始萎缩,逐渐丧失了曾经的世界主义视野,对普遍秩序充满了疑虑。虽则我们继续在普遍的经济秩序中成长,继续通过它汲取力量,但是我们对于支撑这一经济秩序的普遍“形式”、其背后所依托的价值理念、其所落实出来的诸种国际制度安排,却总是满腹狐疑。

我们的视野逐渐萎缩为狭隘的民族主义格局,精神变得紧张。但是对于超大规模国家而言,由于其一举一动的世界性影响,如果它不主动以某种具有世界主义的“形式”来规训自身庞大的“质料”,则任何“和平意愿”的表达都无法获得其他国家的信任,它们会诉诸其他超大规模国家来制衡。在我们所讨论的具体情形里,这就是美国“重返亚太”的深层机理。

这种情况下,中国欠缺世界主义性格的、内敛的民族主义,将使其“质料”层面的世界主义面向受到严重影响,成为又一种“形式的贫困”。早年的政治推动经济,将变成如今的政治妨碍经济,“形式”与“质料”严重不匹配。

这一切,都是因为"质料"意义上的中国,在历史上第一次如此之深地卷入了经济全球化的秩序之中,从而带来了一种前所未有的属性,这将可能固化未来的世界产业格局。其中既蕴含着前文所述非洲经济与中国发展的耦合关系,也蕴含着中非双方获得"精神解放"的契机。

六

中国的经济崛起,是人类历史上一件前所未有的事情,它有着与过去诸大国崛起很不相同的两个独特性。一是中国经济崛起所依托的外在技术环境,二是中国的规模。

外在技术环境就是指信息技术时代的到来。它带来了管理革命,促成企业组织形式的大转型,使得生产流程上的外包成为可能与必须;而外包必须有足够大的规模,才能产生规模效应。这正是中国实现经济崛起的背景。

在大规模外包的生产组织形态下,成本控制的核心要素不再是人力与土地成本——这两方面的成本优势正是过去诸现代化理论所关注的,也是"中等收入陷阱"的根本原因所在——而是对于多中心、分布式的弹性供应链网络的管理能力。同时,中国作为一个超大规模国家,又符合了供应链网络的规模要求,这大大增进了制造业集聚区生产分工的深度,从而进一步强化了它对成本的综合控制能力。庞大的弹性供应链网络的建立,最终奠定了以中国为中心的东亚制造业集聚区的"世界工厂"地位。由于其综合成本控制能力的技术特性与规模特性，使得可预见的未来没有什么新的制造业集聚区能够崛起与其进行全面竞争，而现有的东亚制造业集聚区的规模则更可能进一步扩大。

但是以中国为代表的“世界工厂”，在世界产业秩序当中仍然处于“质料”地位。只有品牌、创新、知识产权等方面的领导者，以及世界资本市场的领导者，才真正地掌握着“形式”，并掌握着价值链的最高端。知识产权方面的领导者，需要有完善的法律体系来提供保障；就历史经验而言，资本市场又是在普通法传统下才能够最具活力，历史上资本市场的领导者先是英国，后来是美国，一直到现在。

于是，我们完全可以想象，在相当长一段时间内，世界产业格局会处于一种大致固化的局面。在未来，发达国家，尤其是美国，会将更大的精力置于价值链的上游，通过品牌渠道与知识产权保护，以及发达的金融市场，来获取高额利润，并且可能逐渐走向“去工业化”。同时，美国仍然引领着世界的法权秩序和金融秩序，掌握着世界货币，规定着世界的安全秩序，并且是创新能力最强的国家。这些都使得美国有能力支撑“美利坚治下的和平”。东亚国家，尤其是中国，会着重于制造业的发展，对接于上游的发达国家。能源国家会侧重于能源产业的发展，并以此而获得其在国际政治当中的发言权。这三种经济样态，也即发达国家、泛亚洲国家和能源国家，大致勾勒了可预见的未来新的政治经济秩序。其他国家将会被整合到这个或那个经济圈里。[①]

中国处于泛亚洲国家的领导地位。这里所谓的泛亚洲并不能由地理概念来定义，而是由经济运行的耦合程度来定义的，非洲国家由于其原材料生产这一比较优势，处于生产流程上的制造业上游环节，与制造业环节之间有着深刻的相互依赖关系，从而也应被归入泛亚洲国家的类型。

七

这个发生于互联网时代的世界规模的产业转移，使得一般规模的民族国家不再是经济活动中的一个有意义的单位。这一事实反过来令传统的、以中小规模国家为基本分析单位的现代化理论失效。在东亚制造业集聚区的竞争压力下，中小规模的发展中国家再试图用由“进口替代”和“出口导向”所引导的工业化来发展自己，已不再是条可行的道路。对这些国家而言，只有那些对于供应链要求不高，且主要是面向本地市场的制造业，才有可能生存、发展起来。非洲即在此列。

---

① 对这三种经济圈的划分，是上海世界观察研究院组织的系列研究逐步得出的结论。我们注意到还有一些经济学家也得出了类似的结论，比较典型的就是国际货币基金组织副总裁朱民，本文对三种经济圈的命名就是借用了他所提出的概念。朱民先生最近一次提到这个问题是在“2013 亚洲金融论坛”上。他提出，目前世界上国与国之间不是简单的线性关系，而是一个拓扑关系图。第一个“国家群”是欧洲和美国，而且两者之间的联系较以往更趋紧密；第二个“国家群”是泛亚洲国家群，其特点是由供应链垂直整合形成的，中国及其他发展中国家就在此列；第三个“国家群”为能源供应国，比如俄罗斯、阿拉伯国家等，它们的能源政策大同小异，相互之间的关系也正在发生变化。参见《证券时报》2013 年 1 月 16 日。

细究独立后非洲经济史会看到，独立后的非洲因其比较优势，导致其经济发展的高度正与原材料的国际市场价格相关。由于其失败的发展政策与其“贫困的形式”，非洲在20世纪60年代原材料价格上升期未能有效地积累日后发展所需的资本；70年代的石油危机，导致非能源类原材料的国际价格大幅跌落，非洲国家遂陷入近乎无止境的困境当中，一蹶不振。

直到21世纪，原材料的国际市场价格大幅回升，非洲国家才重新获得了较好的GDP增长率。这得益于作为“世界工厂”的中国对原材料的大量需求，直接拉升了国际市场价格。如果说中国相当于为世界在生产，非洲便相当于为世界在供给原材料。

于是我们可以看到，中国与撒南非洲的经济形成了一种耦合关系，它们彼此之间高度互补，相互促进。这种耦合关系可以用当今世界经济循环的“双环结构”来表达。所谓“双环”，其一是指中国与发达国家之间的经贸循环，其二则为中国与非洲为代表的不发达国家之间的经贸循环，在这双环中，中国是枢纽性的环节。

之所以会形成这种双环结构，在于发达世界已逐步进入一个后工业时代，其与非洲国家之间的经济互补性已大为下降。20世纪八九十年代以来，发达国家的经济发展状况良好，却迟迟无法对非洲国家形成拉动，即是明证。发达国家的经济循环主要是在彼此之间，以及制造业集聚区域——东亚——之间完成。而非洲国家的原材料只能对接于制造业集聚区，也就是对接于东亚，乃至中国。所以，非洲国家的经济发展，势必以其整合进泛亚洲经济区为前提。

八

既然非洲已经不能通过工业化这条经典道路而实现现代化，便需要另找一条新的发展道路。这在历史上不是没有先例，曾有一些国家，通过“非典型”道路而实现了现代化。

澳大利亚就是一个例证。它自19世纪以来，先是被整合进大英帝国的经济圈，后来又被整合进美国的经济圈，通过出口农产品和矿产资源等原材料积累了大量的财富。这带来了对服务业的需求，于是澳大利亚从第一产业直接催生了第三产业，其第二产业规模很小，近乎是被跨了过去，产业的升级使得澳大利亚也实现了现代化。就国家层面而言，其代价是，放弃了国家在国际经济秩序中参与“形式”构造的追求，甘为“质料”，但参与“形式”构造原本就不是小国所应当追求的。而就个人层面而言，每个人都生活得自尊、富足，具备了完备意义上的个人的“形式”，国家“形式”于是在某种意义上被虚化。

这很可能是非洲国家未来应走的道路，也是在三大经济圈结构下，中国能够拉动非洲国家去走的道路。

在中国经济增长的持续拉动下，非洲国家有机会通过向中国出口原材料从而积累资本，以此形成融资平台吸引外来资本的进入。通过某些机制设计，使得这些资本不至于再大量流入个人腰包，而是转入国家公共财政。公共财政的主要部分投向能够帮助恢复非洲乡村生产生活的基础设施建设，以此逐渐地推动市场导向的农业经济复兴起来，进而消化过度城市化所带来的严重失业问题。在必需的农业生产要素的分配过程中,短途贸易会发展起来,这是最有利于财富均衡分配的一种自生秩序。接下来的长途贸易会将农产品引入国际市场,这种贸易易于征收税款,会进一步优化国家的财政状况。为了能够使得小农户发展起来,撒南非洲还需要建立小额贷款体系,构成农业复兴的微观金融基础。该种体系的运作可以模仿穆罕默德·尤努斯的格莱珉银行在孟加拉国的实践,[①]能够有效地帮助穷人摆脱贫困,缩窄穷人与富人之间的收入差距鸿沟,从而这些国家也才能消除使其政治不稳定的社会因素。

中国在这整个过程中,与非洲有深层次的合作空间。一方面,在特定的财政机制设计、基础设施建设,以及小额贷款体系建立的过程中,中国可以起到积极作用。另一方面,中国是一个巨大的市场,不仅可以吸收非洲的矿产原材料,更可以充分吸收非洲提供给世界市场的农产品,这是前一方面能够可持续展开的前提。

在这个过程中,非洲因多年的战乱和畸形的经济结构而导致的畸形的社会结构,会逐渐恢复到一个有机健康的状态,非洲的乡村将恢复勃勃生机。作为一个未被工业革命所深刻影响的社会,恢复生机的非洲是人类原初精神的最后家园与守护地。非洲的这种文化生态本身便是有价值的,人们会愿意为其付费。具体说来,就是旅游产业、艺术产业、文化产业的发展,让人们愿意到

① 参见[孟加拉]穆罕默德·尤努斯《穷人的银行家》,吴士宏译,生活·读书·新知三联书店,2012 年。

这里来寻找心灵的安顿，或是精神上的启发。于是，非洲便迎来了产业升级，从第一产业过渡到具有非洲特色的第三产业，从而提升自己在价值链当中的位置。

这是一种基于当今世界经济秩序而对非洲经济发展所做的分析，其中的想象可能很大胆。这种发展路径，如果一切进展顺利的话，整个过程大概也需要以30—50年为单位来考量。

九

前述道路若能递次展开，非洲人的精神则可由此获得解放。

非洲国家在独立后的发展进程中，并未真的为非洲人带来精神上的解放。他们并未获得自信与尊严，反倒由于失败国家的现实，令其自信与尊严更难建立。

长期的战乱，尤其是令半个非洲都卷入的两次刚果内战，使得非洲跌入了谷底，但是我们也可将此看作其开始获得解放的起点。这些惨痛的现实提示着人们，非洲国家“贫困的形式”是无力解决发展问题的，也无法带来精神解放。非洲国家在世界产业分工当中的特性，也使得它们只能作为“质料”而存在。

那么，何不把完整意义上的“形式”寄托在非洲的普通个体——具体是指在非洲传统文化的语境下涵养个体的传统社群——之上？国家在此只应具有工具性的意义，将其“贫困的形式”进一步虚化，从而将国家服务社会的功能实化。传统社群及其中的个人，只有在世界分工秩序处于有机运转当中，才得以重新恢复其活力。虽则他们无法参与到世界秩序的构造之中，但由于其人类精神家园守护者的身份之故，便有了一种独具的尊严。

这种尊严一方面通过使传统文化焕发生机来实现，一方面通过非洲本土学者对非洲史的重新叙述而实现。近年来非洲本土史学界的代表伊巴丹学派和达累斯萨拉姆学派的研究，对古代到现代的非洲史做了重新梳理，找到了内在的连贯线索，挖掘出过去被遮蔽的面向，呈现出非洲人的主体性。[1] 这些努力即证明了一种新的时代精神已在孕育，非洲人开始重新组织过去的知识，对其进行一种"形式"化的努力。只有在这样一种精神的推动下，非洲的传统文化才真的转化为一种自觉的存在，并获得其在现代的独特意义。

获得精神解放的非洲人，将有更大的自信去解决自身所面临的问题。其"形式"不再是国际法权意义上的，而是文化意义上的、历史哲学意义上的，对全人类而言有着不可替代的价值。由此，非洲人也从文化意义上实现了其世界主义性格的转向。

十

中国的发展外化为非洲的发展，由此也可获得精神的解放，成长为世界主义的国家。

21世纪的中国所陷的狭隘民族主义，其心理基础在于中国人

① 参见舒运国《非洲史研究入门》，北京大学出版社，2012年，第54—75页。

内心深处的不安全感。此种不安全感与近代以来的屈辱历史有关，更与当下中国“形式的贫困”有关。

由于庞大的体量，我们天然地具有一种做大国的冲动；但是由于对美国所主导的世界秩序之“形式”——具有深刻的世界主义品性的美国国家“形式”与此相贯通——的深刻不信任，我们又无法将中国国家的“形式”与世界“形式”贯通起来，于是便陷入一种进退失据的状态。作为超大规模国家，我们不知如何表达自己的世界责任；作为一个主权国家，我们也不知如何定义自己的国家利益；我们更是难以清晰地体认到，我们应当承担的世界责任与我们的国家利益在根本上是同构的。大国的冲动与深刻的不安全感相结合，最后便转化为一种虚妄的民族主义而狂热地表达出来，令得其他国家对中国充满警惕。

归结到一句话：中国不知道如何做大国。要想学会做大国，中国需要有一种精神解放，克服我们内心的不安全感，实现中国民族意识向世界主义的一种转向。作为一个超大规模国家，这是一种必须。

对不安全感的克服，从来不是通过更多的攫取来实现的——它只会带来更大的不安全感，这也正是狭隘民族主义的致命之处——而是通过给予，以及责任的履行来实现的。责任的履行通常需要对于责任有明确的认知，而中国的“形式”尚无法提供对于外部责任的认知，但是中国“质料”的发展却使得这样一种责任在我们还对其懵懂的情况下就浮现出来。那就是，对于因中国的现代化而丧失了传统路径下现代化可能性的非洲国家，中国有一种责任帮助它们;恰好由于国际经贸循环的“双环结构”,它们的现代化也只能由中国来拉动。这是一种高度双赢的关系,其中,一种具有建设性的国际责任便浮现出来。

现代性的起点是肉体对精神的反抗,不受中世纪精神秩序规训的冒险家冲开了一个新世界。中国精神解放的动因则很可能是“质料”对“形式”的倒逼,即已具世界影响力的物质力量牵扯着懵懂的国家观念的转型。

中国对非洲责任的体认与践行,将使得中国的民族主义开始其世界主义的转向。由此,中国开始了自己主动的议程设定,主动参与世界秩序之“形式”构造,中国的“形式”再度有了一种国家与世界两层面的通贯性。在中国的帮助下,实现繁荣与稳定的非洲,既可以作为中国所需原材料的重要提供者,也可以作为中国制成品的重要市场,中国的国家利益自然也在其中矣!

这个过程将确立起中华复兴的精神支点,使我们获得精神上的饱满与政治上的终极自信。它将会表达出中国崛起的世界历史意义,那就是,中国的发展意味着世界的发展,世界的问题反过来被内化为中国的问题,中国由此恢复自己的世界民族之地位。同样,非洲复兴的精神支点也由此确立,非洲人的自信与尊严体现在其对传统的守护,对现代物欲世界的解毒。

一种历史哲学的意义由此体现出来。中国与非洲皆在此过程中获得精神解放,从而最终促成人类普遍的精神解放。

世界历史视野下的非洲与中国

施　展

笔者在前文中从形而上的历史哲学层面，叙述了非洲与中国从质料的互耦关系升华出的精神解放。本部分则将从形而下的具体物质过程层面，来展示其可能性，并且，会对前文中曾经涉及而未曾展开的一些历史过程做更为细致的分析，因此可能会与前文的些许文字有重叠之处，还望读者见谅。与该篇文章一样，本文所谈及的非洲也是指撒南非洲。

一　现代非洲的出现

1. 非洲融入世界历史的过程

近代以前的撒南非洲差不多是在独自发展，与外部世界的实质性联系比较有限。但自从 500 多年前欧洲人探索新航道的努力成功以来，非洲被整合进一个世界历史进程之中。此进程中的非洲一直是作为一个客体，处于被西方文明塑造的地位。西方的拓展过程可进一步分为几个阶段，其中非洲被动地扮演了不同的角色。

16 世纪和 17 世纪是初起阶段，此时西方力量的扩张主要是通过海外贸易的方式展开的。对于早期的商业帝国主义而言，对贸易据点和海上航线的占领比土地的占领更加重要，所以欧洲于非洲的存在只表现为零星的据点，没有大规模占领。非洲在该秩序当中的地位是很悲惨的，黑奴作为商品，使非洲被动地裹挟进西方商业帝国的发展当中。不过我们还要客观地指出，被掠上船的非洲黑奴，多数并不是欧洲人直接捕获的，而是由一些购得了欧洲人的枪炮的非洲沿海部落到内地部落捕获来转售的。后来这些敌对部落在依殖民疆界而划定自身边界的非洲独立国家中被迫并存，其彼此冲突由来已久。

18 世纪后期，欧洲发生了工业革命，早期的商业帝国主义开始转型为工业帝国主义。工业经济需要的是原材料的稳定供应，以及不断扩大的销售市场，远未开发的非洲内陆便进入了欧洲人的视野。于是，到了 19 世纪后期，西方展开了瓜分非洲的狂潮。后来的经济史表明，对列强而言，对非洲殖民地的占领无论从移民的角度来说，还是从原料、市场等经济角度来说，都不一定是划算的，[①]对非洲的瓜分更多的是争霸各国在囚徒困境中的疯狂之举。然而，这段历史却对非洲来说有着极大的重要性——它第一

① 例如，德国和意大利的非洲殖民地，其经济重要性可以忽略不计，而就移民来说，两国向非洲的移民远少于向美洲的移民。对于英法两国来说，它们对非洲殖民地的占领也不总是划算的，需要分时间段分地区来看。参见[荷]韦瑟琳《欧洲殖民帝国：1815—1919》，夏岩等译，中国社会科学出版社，2012 年。

次将非洲完整地整合进一套国际法权秩序之中。作为个体的非洲人也许仍然不是“文明”的，但是作为土地的非洲大陆则已被纳入“文明”秩序，需要服从国际法的调节。在此阶段保持了独立的两个非洲黑人国家埃塞俄比亚和利比里亚也逐渐被接纳为正式的国际法主体。[①] 非洲的地理空间被现代国际法权所分割，欧洲瓜分非洲所留下的边界，正是后世非洲国家独立后的领土疆界之表达。尽管它常常将相同的部族分隔在了不同的国家，但无损其国际法上的效力。非洲以一种怪异的身份卷入了现代世界秩序当中——非洲土著没有权利，土地为白人所划分，同时，或是占据了黑人土地的白人以“非洲人”的身份来主张国际权利，或是白人总督治理当地的领土，并以统治无完整民事权利的孩童的方式来统治黑人。于是，非洲被动地获得了一种国际法身份。

嗣后不久爆发了两场耗尽欧洲元气的世界大战。在一战后，国际秩序的正当性基础发生了巨变，既往的帝国瓜分模式不再具有天然的正当性，美国总统威尔逊提出的“民族自决”一跃而为新的正当性基础。该一理念为非洲人的独立建国之主张奠定了基础，并在 20 世纪 60 年代之后化作现实，非洲国家纷纷独立，黑人以新的方式进入了国际法权秩序当中。

然而，国际法权秩序的主体与国际政治秩序的主体还是两回事。虽然白人殖民者的直接统治退出了非洲殖民地，但是他们通过对于非洲国家财政、金融体系、对外贸易等的掌控，继续着对非

① 埃塞俄比亚甚至也参与了帝国主义扩张，在 19 世纪后期占据了一大块索马里人居住的地区。这就是今天埃塞俄比亚与索马里关于欧加登地区之争的起源。

洲的间接控制。除欧洲的区域性控制之外，非洲国家还处在一个全球格局的约束之中，它们独立之后，便迅即面临着一个在冷战之中选边的问题。常见的情形是，新独立的国家内部分成两派甚至更多的派别，且彼此之间争斗不已，各倚一方，于是血腥的内战便爆发了。有些国家打了几年之后，一个强人出现并压制住了所有对手，依托着外援，建立起独裁统治；另有些国家则是内战持续多年也未见分晓。所以，这个时候并没有真正意义上的非洲内部秩序，它是从属于冷战秩序的。进入20世纪90年代，冷战结束，两大阵营不再争夺非洲，向这里的资源投放骤减。过去的一些独裁者马上遇到了财政困难，无法持续下去，非洲很多地方再次爆发内战，尤以两次刚果(金)内战为甚；甚至爆发大屠杀，如卢旺达等地。经过十余年极度的动荡，秩序再次稳定了下来。到这个时候，我们可以说具有一定意义独立性的非洲秩序初步诞生了，虽则这秩序还有着严重的问题。

这一非洲秩序迅即被统合在全球资本秩序之下。二战后，在美国的主导下，关贸总协定、世界银行、国际货币基金组织等国际组织与机制陆续成立。它们具有技术性、中立性的外观，但美国正是通过它们实现对世界的柔性网络控制，建立了资本帝国秩序。它在冷战期间局限在西方阵营当中，但冷战结束之后迅速覆盖了全球，适逢信息技术革命的出现，于是全球化以前所未有的速度展开了。非洲秩序被统摄在这样一个背景之下，开始了其艰难的发展。对于欠缺资金、技术、基建等各项发展条件的非洲国家而言，当下的发展途径只能从出售资源起步，以此来换取外汇，并进而换取进一步发展所需的各种要素。然而，在非洲已不再是两极争霸格局下的被拉拢对象的情况下，其外贸条件颇为不利。非洲的矿产以及农林产品的出口，需要纳入国际大宗商品的定价体系当中。国际大宗商品的价格在纽约、芝加哥、伦敦等几大期货交易所已基本上被确定下来，复杂的金融机制不是非洲人所能理解与操作的，他们在此过程中只能被动地接受国际价格。这是资本秩序的一个自然结果，可不做伦理评价，不过这毫无疑问使非洲国家的发展受到了很大的制约。

2. 非洲的独立进程及其内在问题

非洲是个传统的农牧业自然经济地区，殖民者在部分地区建立了城市，带来了现代商品经济，但它却与周遭地区脱节、直接联系于世界市场的矿业经济与种植园经济，而在这些外向型经济飞地的周边，是广大的自给自足传统经济区。这样一种二元经济对非洲的传统社会结构带来巨大破坏，并伴随着非洲国家的独立进程延续到独立后。

非洲国家的独立运动主要是在城市展开，其中粗略地说有两支重要的力量。一支是受过西方教育的精英，以及从事对外贸易的商人，他们力图以成立由黑人掌权的民族一国家的方式来摆脱殖民统治——对这些人而言，殖民统治根本上是个政治问题——他们同时也希望用西方的文明来改造“愚昧落后”的非洲传统。另外一支是大量走出乡村来到城市里寻找工作机会的非洲民众，他们在经济上处于非常不利的地位，而脱开传统社会又使其失去社会保障。对这些人而言，殖民统治根本上是个社会经济问题。

尽管两支力量都对白人的殖民统治不满，但在独立运动中，两支力量合流，其诉求并不一样。精英团体力图取殖民者而代之，依照西方模式建立国家，但是他们势单力孤，于是便动员一般大众，宣称一旦赶走殖民者将会迎来非洲人的解放；一般大众为了解决自身所面临的社会与经济问题，便与之合作，赶走了殖民者。[①]

但这里所谓的赶走，在很多非洲国家，相当程度上其实是殖民者一种主动的、有计划的撤出。随后，接受西方教育的黑人新精英接掌了独立后的非洲新国家，随后，他们面临着严重的问题：首先，在很多地方，新的统治者们的现有地位多依靠与前殖民地统治者之间的联系，所以，他们在本土欠缺权力基础，没有大的支持者群体；其次他们没有掌握这个国家内部的经济力量，从而欠缺与国家经济的直接利害关系，无法有效定义国家利益；再次，他们在意识形态上首鼠两端，意图建立现代国家，可是又无法彻底改造传统社会制度，这又导致其在国家政治当中进一步孤立。

为了赢得支持者，新的统治者们只能完全靠利用国家机器为巩固政治服务，也就是建立庇护制度，试图通过非正式的私人网络来换取统治秩序的稳定。这种庇护制度便意味着要用国家的公共财政来赢得支持者。于是，公共财政被用来进口各种消费品供支持者消费，又被用来支付大量公职人员的工资。公职人员数量越来越多，当权者以此来维持支持者，建立较广的庇护网络。

这样一种做法，便形成了国家的私有化过程。在国家的现代

---

① 参见［英］巴兹尔·戴维逊《现代非洲史——对一个新社会的探索》，舒展译，中国社会科学出版社，1989年。

建制和经济都很弱小的情况下，若公共事务需求也很小，便不会有真正意义上的现代官僚制，而只能有一种庇护制。这是正常的结果。国家公共事务与私人事务的分殊，是在公共事务需求庞大、现代官僚制诞生的基础上形成的。非洲的庇护制，有点类似于欧洲中世纪的封建制，庇护制是低发展社会形成秩序的一个必经阶段。非洲各种复杂的、低烈度的战争也类似于此。某种角度上来说，独立后的非洲处在从中世纪向前迈进的阶段。但是这样一种庇护制，只有在世袭制的基础上，才有健康发展的可能性，在民主制的基础上，则没有健康的可能性，一定会带来政治的低劣化和国家发展的更加低效化。

所以，就有了我们看到的非洲独立后的各种低劣的政治进程。政治问题的解决使得许多非洲本土精英转为既得利益者，但是非洲的经济结构没什么实质变化，大众关心的社会经济问题并没有解决，在这种情况下，对大众的动员可能形成新的动荡之源。于是一些非洲国家精英的统治转向了专制，而这种统治往往是进一步强化了旧的殖民式经济结构，就更会将这些地方的非洲精英与一般大众及传统社会隔绝开。另一些国家的非洲精英力图在非洲带来根本的社会变革，认为这是非洲解放的根本途径，这就需要对一般大众保持高强度的动员，这种动员机制必然走向“非洲社会主义”——力图以一个逻辑上先于“国家”的“党”的领导，解决政治与社会这双重问题。在冷战中，西方与苏东两大集团各自支持一批非洲国家，使得两条路都还能维持，政治问题貌似解决了，经济上则使得非洲国家进一步殖民化。冷战后，解决经济问题的失败，使得非洲国家的政治又陷入动荡。经过十余年的内战，各方人困马乏，于是秩序大致稳定了下来，但这是因为人们无力再战，而不是问题得到了解决。

飞地经济在城市里纵向地带来精英与大众的对立，二元经济结构在城乡之间复横向地转化为二元社会结构。由于撒南非洲国家农业政策的失败，以及连年的战乱，大量人口从内地农村涌入少数几个大城市，以致非洲的城市化率超过了40%。然而城市中并无相应的产业能够支撑如此庞大的人群，过度“城市化”的后果便是非洲大部分城市中均有90%以上的人无正式工作，他们以临街叫卖等零工方式勉强度日，月收入仅够糊口。许多城市的人甚至还要种地以获取粮食。这个庞大的人群是潜在动荡源，对于非洲的社会稳定构成极大的压力，是撒南非洲国家必须解决的问题。在撒南非洲的农村，由于基础设施不足、销售体系未形成，除了少数地方，大部分仍然处在自给自足型农业状态之中。因为自然物产丰富，这些人还不至于挨饿，但是也仅能维持生存，贫困发生率很高。而由于飞地经济对于传统社会结构的裂解，使得乡村地区所依靠的传统社会保障体制也面临困境，这将进一步危及社会稳定。在此之外，撒南非洲的部族问题使局面更加复杂。现时的非洲国家都是由殖民疆界框定出来的，敌对的部族可能被划定在同一个国家，同一个部族又可能被分割在不同的国家，以致在撒南非洲，除极个别国家之外，国家认同仍不及部族认同，这是国家动荡分裂之源。再加上基础设施极为落后，使得国家的物理统一难以实现，这将带来更多问题。

所有这一切,都意味着非洲问题的极端复杂性。对当代非洲政治动荡问题的解决,若不联立于社会－经济问题,则必定无法成功。但是由于部族与国家之间关系的复杂性,使得非洲的政治和经济问题又都无法在既有的民族－国家框架中获得有效解决。这就尤其体现了非洲问题的复杂性。

二 非洲的政治经济问题与世界新秩序

1. 非洲失败的发展政策

非洲的经济停滞与过度城市化,都可以在非洲国家独立后早期所采取的一些发展政策当中找到根源。

首先,它们推行了一系列失败的农业政策。非洲国家独立之后,依照发展经济学的认识,试图通过工业化逐渐实现国家的现代化。工业化所需的资本,可以通过出口原材料、农产品而获得。然而非洲国家独立之后,虽则矿业原材料的世界市场行情赶上了一段好光景,但又恰逢世界农产品市场需求不振,价格低迷,导致其难以通过此种途径积累资本。于是,通过成立国家专营的农产品营销委员会[①]的方式来垄断出口渠道,便成了一个有吸引力的选项。营销委员会对经济作物进行统购,极力压低统购价格,使其大大低于国际市场价格,这样便可以在外销过程当中获得相当丰厚的利润。用于驱动工业发展的资本积累便形成了,这是以对

① 如坦桑尼亚的剑麻管理局、尼日利亚的市场营销委员会等。

经济作物的价格“剪刀差”进行控制来实现的。同时,为了解决城市平民对于食品价格高企的抱怨,非洲国家又努力对粮食价格进行控制,这种控制的首要目的不是为了工业发展,而是基于选票考虑。

两种政策都将成本压在了农作物生产者身上。为了缓解农业生产的成本压力,非洲国家政府反过来又对农业生产进行了各种补贴,途径是对农业生产的投入品的价格进行操纵,比如对化肥、种子、机械设备和贷款等进行补贴。被操纵价格的投入品,其供给一定不足,这便形成了寻租空间。于是,有实力的大农场、与政府关系密切的人——通常这是同一拨人——便获得了诸种补贴的利益;而农产品价格低迷的成本则要由所有农业生产者共担。

这样一种政策便严重破坏了非洲乡村的社会生产结构,在农村地区形成寡头生产结构,大量的小农因破产而被迫流入城市,造成过度城市化的后果。过度城市化便又形成了前述的压低粮食价格的需求,从而形成了一种恶性循环。于是,最初失败的农业政策便带来了诸多不良后果。

同时,非洲国家又推行了一系列失败的工业化努力。为了发展本土工业,非洲国家推行了进口限制等保护政策。然而,推行保护政策的前提是,或者国内有足够的市场来消费,或者产品有足够的竞争力可以到世界市场上去竞争。但是非洲国家由于熟练工人的欠缺,进口机器与生产过程的不匹配,以及总体工业发展规划的失误等,使得其产品没有能力到世界市场参与竞争。于是,其工业化便转而只能依靠国内市场的发展。

不发达国家国内市场的发展首先在于农业的积累,这是实现国家经济发展的前提。德国人弗里德里希·李斯特的"国民经济学"可谓是不发达国家谋求发展之政治经济理论的先声。在他看来,落后国家要想发展,"改进的第一个阶段是,对比较先进的国家实行自由贸易,以此为手段,使自己脱离未开化状态,在农业上求得发展;第二个阶段是,用商业限制政策,促进工业、渔业、海运事业和国外贸易的发展;最后一个阶段是,当财富和力量已经达到了最高度以后,再行逐步恢复到自由贸易原则,在国内外市场进行无所限制的竞争,使从事于农工商业的人们在精神上不致松懈,并且可以鼓励他们不断努力于保持既得的优势地位"[1]。在他看来,保护政策是不发达国家逐渐走向发达的必经之途,但一方面这要经历几个不同的关税政策阶段,另一方面这还需要两个前提:一、国内市场不能太小,从而小国是不行的;二、农业上要有足够的积累,使得市场有消费力。

但是,首先,非洲国家很多是小国,国内市场狭小。其次,即使不是小国,由于非洲国家针对农业的"剪刀差"价格政策,使得农村消费力萎缩,无法为工业品提供一个足够大的市场。高度保护政策下诞生的工业,在国际市场上基本没有竞争力,从而无法出口,也无法靠外贸形成积累。为了维持工业企业的生存,非洲国家只能进一步加强对其的保护,结果则是形成了若干个大的垄

① [德]弗里德里希·李斯特:《政治经济学的国民体系》,陈万煦译,商务印书馆,1961年,第105页

断寡头。“企业的总数很小，每个行业都只有少数几家企业，而且在每个行业，生产都集中于极小一部分企业。”[①]此种垄断随后又被国家政策所支持，具有国家行会性质。这便带来了市场的封闭，分工无法在此基础上扩大，资本也更无从得到有效积累。在这样一种工业结构下，国内市场被进一步压缩，由于分工未展开，企业彼此之间亦没有需求。

非洲国家采取“剪刀差”政策，与中国和苏联等社会主义国家给出的范例有关。后者曾经用“剪刀差”政策来实现工业的原初积累，但这是因为两国规模足够大，工业部门内部交换够多，农村虽然贫穷但是由于其规模亦使得需求足够大，再加上庞大的军工需求存在，这些尚可支持工业的发展。然则，其效率已是无法令人满意，对于小国而言，若采取“剪刀差”政策来发展，则必定失败。

2. 非洲经济发展过程

非洲国家在独立之后，基本上都是依靠初级产品出口来换取外汇，促动发展。1960 年代起，出口矿产资源的非洲国家有差不多十年的好光景，发展不错。这是由于非洲国家独立后仍继续殖民时期的初级产品出口的经济结构，此时西方也在恢复、发展，对原材料需求较多，非洲国家的对外贸易条件较好。但是，1973 年的石油危机，带来了世界经济的衰退，使得西方国家对于原材料需求下降，非洲国家出口商品的价格也随之开始下跌。面对飞涨

① [美]罗伯特·H. 贝茨：《热带非洲的市场与国家》，曹海军、唐吉洪译，吉林出版集团有限责任公司，2011 年，第 58 页。

的油价,西方工业国可将增加的成本添到制成品价格当中,从而获得补偿。非洲没有工业制成品,只有原材料可以出口,于是国际贸易条件便急剧恶化,从而遭遇到严重的经济困难,进出口收支严重失衡,外汇紧缺。

此时,发达国家的银行开始以优惠条件提供贷款以平衡非洲国家的财政缺口。大量可用贷款出现之原因在于,石油国家积累了大量石油美元储存在西方银行,银行有寻找贷款出口的需求,这与非洲国家的需求一拍即合。对非洲国家而言,由于低廉资本的大量流入以及本国政府的一些政策选择等,本币普遍被高估,这进一步压制了本土工业的发展。低廉资本被无效地利用,如用于偿还旧债,维持亏损的国有工业,进口消费品,等等,此外,还要用来支付越来越多的公共部门的工资,这与当权者需要建立较广的庇护网络直接相关。

到20世纪80年代,初级产品的相对价格仍然下挫。原因在于,一方面有了更多的新材料替代品等,另一方面西方经济升级进入知识经济时代,初级产品的相对价格进一步失去优势。此前非洲国家曾相信原材料的价格会迅速回升,因此敢于大量举债,但是现实证明价格已进一步下跌,非洲便陷入了债务危机,开始靠援助过活。外部援助粗略可分为资金和实物两类。援助资金的成本近乎为零,这便使其更多地被用于庇护网络的建立而非经济的发展;援助的实物多是日常用品或粮食等农产品,免费物资的进入又使得非洲的本土生产能力遭到严重冲击,这种冲击一直延续到21世纪。[①]

80年代末，苏东解体，非洲国家在国际战略上的重要性下降。一些初级产品如铀、锰等不再重要，于是价格继续猛跌。由于不再作为意识形态斗争的前线，非洲获得的关注更少，发展条件变得更差。苏东国家的一些初级产品大规模进入世界市场，与非洲国家形成竞争，于是它们的发展机会变得更小。更加致命的是，由冷战给出的约束庇护其体制不至于散架的政治性不再存在了，一些非洲国家开始了社会性解体，这表现为大量的残酷内战或曰普遍性的游击战。由于苏东国家的军火库里面有大量AK－47要处理，它们通过各种中介渠道流入非洲，而对非洲的游击战－内战而言，大量轻型武器的扩散是非常重要的。无论在苏东国家还是在非洲，武器交易都不是一种国家行为，而往往是个人或集团行为，这也是非洲国家解体的表现之一。由于非国家性的武器补给不似冷战刚结束时那么容易，非洲国家前前后后打了十几年的内战开始消停。十几年的内战使得非洲国家旧有的基础设施遭到严重损毁，其卫生体系、乡村秩序等都遭遇冲击。战争又将更多的百姓驱赶到首都等少数几个人口集中的大城市，本已非常严重的过度城市化问题变得更加严峻。

冷战结束之后，意识形态之争逐渐消亡，国际秩序当中的政治性不再那么直接地表现出来。而中国通过经济改革获得了迅速发展，其原来与非洲国家的“阶级共性”也逐渐消失，于是毛泽东时代所构想的三个世界的划分面临着巨大挑战。这就意味着，

① 参见[赞比亚]丹比萨·莫约《援助的死亡》，王涛、杨惠等译，世界知识出版社，2010年。

后冷战时代的世界秩序，需要找到新的基础，并在此之上形成我们对于新秩序的进一步构想。

3. 中国的经济崛起与世界经济新秩序

前文（发凡）已述，中国的经济崛起，有着外在技术环境、中国的规模这两方面的独特性，使得中国的经济崛起对全球的经济秩序造成了极其深刻的影响，以至于很多理论都需要重新检视。

先说外在技术环境，信息技术时代的到来促成了一场管理革命，带来企业组织形式的变迁，使得生产上的大规模外包成为可能与必须。

历史上的大国经济崛起，制造业中心的转移，都伴随着企业组织形式的变迁。19 世纪的英国经历了工业革命，本土性的制造业企业兴起，而此前的霸主荷兰的企业主要是通过海外贸易和大规模融资发财的。19 世纪大半时期，英国的经济模式是大进大出型，从全世界吸纳原材料，再向全世界输出制成品。只要英国是全球唯一的制造业中心，它便不怕外国会用政治手段禁止英国产品进入其市场。但是到了 19 世纪后期，若干个国家都实现了工业革命，尤其是美国和德国，它们开始用政治手段阻止其他国家的产品进入本国所能控制的市场，同时本国的企业组织形式也开始发生变化，以应对别国的相应政策。这就是大规模的跨国托拉斯的兴起，一条产业链从上游到下游完整地控制在一个大托拉斯手里，公司布局一旦横跨多个国家，便可以绕过政治手段所设置的壁垒。这种大规模的跨国上下游整合使得其成本控制能力远超一般公司，它能够大规模地以价格低廉的同质化产品来满足人们的需求。这种公司组织形式一直持续到二战时期。[①]

二战后，经历了几十年黄金时间的高速发展，人类已经超越了简单维生的经济阶段，传统大规模制造业所生产的品质趋同、品种单一的产品再也无法满足人们的需求，只有进行产品的全新创意才能赢得更多消费者。跨国大托拉斯由于其产业链漫长，面临着巨大的决策风险，难以应对瞬息万变的市场需求。于是，能够将制造过程外包，自已轻装上阵致力创意与品牌打造的企业，将有更大的机会占据价值链的顶端。这就是类似于苹果这样的公司成功的秘诀。众多世界性的大公司都将其制造过程外包出去，于是，人类历史上出现了一个新现象——生产过程与价值增值过程在某种意义上分离了。

大规模生产的外包至少有两个技术性前提：一是大规模数据的处理能力，二是高速的信息传递能力。这两个前提使得发包方不至于对生产过程处于无知状态，以致没有能力根据市场讯息迅速调整自已的外包任务。这两个技术性前提刚好由于电脑时代、互联网时代的到来而获得了解决。于是，新技术又带来了一场管理革命，发包方与承包方构成了工业链条的两端。

至于承包方，并不是其人工成本和土地成本低廉即可，它还需要更进一步的条件。外包生产地的制造业企业如果锁死在一家上游发包商身上，则会面临巨大的决策风险，所以它一定要使

① 关于从荷兰到英国再到美国的经济霸主转移，与企业组织形式变迁的分析，详见[意]杰奥瓦尼·阿锐基《漫长的20世纪——金钱、权力与我们社会的根源》，姚乃强、严维明、韩振荣译，江苏人民出版社，2001年。

得自己与上下游企业的对接关系有足够弹性。为了确保弹性同时又不损失效率——在同一家企业中这两种要求往往是矛盾的——这种企业不能做得大而全,而是必须与大量的配套企业共存,或者说,彼此之间互为配套企业。这种相互配套关系形成一种动态互联、分布式决策的供应链网络,通过这个超越任一单个企业的网络能保证总体制造过程的弹性与效率之兼得。这样,综合的成本控制便不再是通过降低人工成本等手段实现的了,而是通过供应链管理能力的提高实现的,这会使得人工成本在综合成本中所占的比重越来越小。

中国的经济崛起,在其早期更多的是依赖低廉的劳动力和土地成本,但是随着中国入世,以及互联网时代的到来,大规模的外包使得中国的供应链体系能够形成一种更高层次的综合成本控制能力。

接下来再看中国的规模,这一优势使得它一方面能够作为生产流程大规模外包的承包方,同时本身也构成一个巨大的市场。

依照亚当·斯密的经典论述,"分工起因于交换能力,分工的程度,因此总要受交换能力大小的限制,换言之,要受市场广狭的限制"①。也就是说,市场的规模决定了分工的深度;而分工的深度,决定了成本控制能力。无论就人口还是领土而言,中国都是一个超大规模国家。发展导向型的政府在这30年中建设了大量的基础设施,使得超大规模国家的物流潜力得到充分释放,制造

① [英]亚当·斯密:《国民财富的性质和原因的研究》上卷,郭大力、王亚南译,商务印书馆,1972年,第16页。

业集聚区面向着一个巨大的市场。进一步，由于中国承接的上游公司都是面向全球销售的，这就使得作为供应链下游的中国，也面向着全球市场。这种大规模的市场，也就催生了庞大规模的供应链网络，其中单个企业的分工专业化程度可以达到此前无法想象的程度，这在珠三角、长三角地区有着诸多例证。而由于身处一个弹性供应链之中，这些单个企业就不用担心会因过于专门化而倒闭，同时整个供应链的成本控制能力也会变得更强。

实际上，这个供应链网络的范围已经超出中国，而以整个东亚为单位。中国从东南亚及其他东亚国家大量进口零部件、半成品，在中国完成总体组装再向全世界出口，整个东亚被整合为一个巨大的制造业集聚区，①这种庞大规模的供应链网络，结合互联网技术，使得分工进一步深化。所有这些都赋予了东亚地区无与伦比的成本控制能力。中国无疑是其中的典型代表，以“世界工厂”而知名。实际上，“世界工厂”这一名头冠于整个东亚的头上会更合适，这个超大的制造业聚集区已经有能力满足整个世界对于一般制成品的需求。可预见的是，未来没有什么新的制造业集聚区能够崛起与其进行全面竞争，更加可能的是现有的东亚制造业集聚区的规模将进一步扩大。

这就促成了前文(发凡)所述的发达国家、泛亚洲国家、能源国家三大经济区的局面形成。

---

① For details, see Mona Haddad, “Trade Integration in East Asia: the Role of China and Production Networks”, *World Bank Policy Research Working Paper* 4160, March 2007.

东亚制造业中心对成本的超强控制能力，会进一步带来国际资本的集聚效应，使其更难流向非洲。这意味着世界产业秩序转移在可预见未来的一种终结性。但由于中国的崛起，国际市场对于初级产品的需求重新上升，2002 年起其价格开始明显恢复，于是非洲的机会又出现了。2002 年到 2008 年，以美元计价的非燃料初级产品的价格指数上升了一倍有余，虽然此后的经济危机又一度压低了这些产品的价格，但现在已经大致回到了 2008 年的价格水平。[①] 这种情况下，非洲国家获得了相对有利的外贸条件。其出口额迅速回升，使得 21 世纪前十年非洲国家普遍有了一个相对较高的 GDP 增长率。这意味着，非洲振兴的希望在于中国经济对其的整合，非洲国家有可能在初级产品的出口当中重新发展起来。

这也促成了前文（发凡）所述的世界经济循环当中的“双环结构”，促成了中国经济与非洲发展之间的耦合关系。

非洲的经济发展必须被放置在这样一个大的世界政治经济结构的框架之下，才能找到有效可行的方略；能够帮助非洲循此方略发展的国家，也必将赢得在非洲最大的政治利益。

4. 国际政治与国际法的秩序变迁

如前所述，非洲在 19 世纪后期以一种被动的国际法身份被整合入国际政治秩序当中。二战后独立的诸非洲国家，其疆界划定以及作为国际法主体的国家单位被确认，其基础并不像亚洲国

---

① 参见［南非］莫列齐·姆贝基编《变革的拥护者——如何克服非洲的诸多挑战》第 54 页的图表，董志雄译，上海人民出版社，2012 年。

家一样，有着较为长久的历史由来，而是 19 世纪后期的国际法的结果。我们今天看到的非洲国家的战争、冲突、内乱等与此有着深刻的关系。但是，源起于西方的国际法体系，不同时期其主流派别也有着深刻的变迁，大致说来，17—18 世纪，西方国际法的主流学派是自然法学派，19 世纪的主流则转为实证法学派，二战之后自然法学派重又复兴，21 世纪则有了自然法与实证法的某种融合趋势。非洲在国际政治与国际法当中的地位也与此有着关联，这也构成我们理解非洲问题绕不过去的一点。

与一般的法律相同的是，国际法也需要对权利的拟制，而权利的有效性一方面依托于权力对其的实施与救济，一方面则依赖于（国际法）权利主体的相互承认。前述国际法中自然法学派与实证法学派的变迁，体现为这两个方面之内容的变迁。

在近代早期，西方国际法的主流学派是自然法学派，法学家认可东西方世界各实际存在的政治体为实在的国际法主体，尚较弱小的西方渴望着与东方世界的相互承认。此时开拓东方世界的主要是西方各国的冒险家商人等，他们希冀通过条约等来规范双方的关系，获得平等的地位，免受东方世界强大君主的不公对待。非洲沿海地区有一些强大的酋长国，也与这些冒险家商人签订了条约。西方国家此时并未否认酋长们的国际法地位。

西方国家彼此征战不休，战争与和平当中各国际法主体所当拥有的权利和所当履行的义务，逐渐在实践中被条文化，而西方各国之间日常的外交活动、商业活动等，也逐渐都有了明确的规则可遵循。国际法变得精致化、技术化，在此过程当中，西方国家因18世纪后期开始的工业革命、政治革命等迅速崛起，在东西方力量对比上逐渐开始占据了优势地位，它们开始有能力用武力强行向非西方国家推行自己的意志。在推行意志的过程当中，西方各国彼此也要遵循一定的行为规则，这有现成的国际法可用。于是到了这个时候，国际法的主流学派开始转变为实证法学派。国际法上相互承认的法权主体，是用“文明”做标准来进行衡量的，所谓“文明”是指对内可以按照西方标准对国家进行有效治理，对外遵守西方所规定的一系列国际法规则。非洲正是在这样一种国际法观念的主宰之下，在19世纪中后期被西方世界所分割。原本还多少作为“形式”存在过的西非酋长邦国诸如贝宁王国、阿散蒂王国之类的，便彻底地被化作“质料”，其国际法的主体地位只有通过西方的形塑才能获得承认。

西方的大国争霸最终带来了第一次世界大战，一战中的血腥让人们开始反思国际政治当中的现实主义原则。一战结束前，美国总统威尔逊提出了著名的“十四点原则”，其中非常重要的一条是“民族自决”原则，主张凡是一个民族，都应该拥有自决权，可以成立自己的国家，试图以此来超越衰朽的帝国主义统治。威尔逊主义是对国际法中已占据主宰地位一个多世纪的实证法学派的否定，重新走向了自然法学派，尽管它并未马上占据主流。国际法主体被确认为天然具有自决权的民族，而不是拥有强大武力、奉行赤裸裸的现实主义的帝国；相反，帝国也要经受自然法的审查，违背“民族自决”这一自然法的帝国要被解散，以解放帝国中包括统治民族在内的诸民族。威尔逊的时代，“民族自决”仍然仅仅局限于白人国家，并在实践中受到质疑。但是不久又爆发了二战，随之而来的是冷战，二战的惨痛教训，使人们意识到，实证主义法学在法理上无力对抗法西斯主义，只有自然法才能够在法理上对抗它，适逢新托马斯主义在马利坦[①]等人的呼吁下复兴，自然法学派的国际法才真正开始占了上风。

此时，相互承认的国际法权主体是国家，这与治理效能无关，只要国际法承认其独立即可；同时在新托马斯主义的影响下，个人权利也自此开始有了重要性。但是，由于冷战背景，美苏两大阵营争相拉拢新独立国家，依托于国际法承认的国家主权之重要性遂压过了对个人权利的关注。此时，"民族自决"理论在第三世界也被广泛应用，非洲国家正是在此背景下获得独立的。但是在非洲国家却出现了一些很反讽的例子，主权国家不再因其对国家的有效治理而被承认（这是主权观念最初起源的基础），而仅仅因为可获得国际法的某种方式的认可才可被承认。其中，非洲国家这种脆弱主权的极端例子是：某个派别仅仅因占领了首都，从而能够收发联合国的信件，即被承认拥有主权。在安哥拉，这种邮箱主权延续了很多年。[②]

"贫困的形式"在冷战时期可以因为东西方的争夺而被掩盖住，但是到了冷战后则问题开始爆发，一些失败国家内部出现了

---

① 雅克·马利坦（Jacques Maritain，1882—1973年），法国天主教哲学家。他是当代圣托马斯·阿奎那哲学的重要阐释者，倡导托马斯主义的自然法主张，也是二战后联合国《世界人权宣言》的起草人之一。

② [荷]罗尔·范德·维恩：《非洲怎么了？——解读一个富饶而贫困的大陆》，赵自勇、张庆海译，广东人民出版社，2009年，第8—9页。

激烈的冲突，酿成严重的人权危机。人们需要为对这些失败国家的外部干涉找到国际法上的法理基础。于是，曾经在冷战中被主权所遮蔽的人权开始获得了新的重视，法权主体开始了向以个人为重心的转移，一种更为复杂的法学流派结构出现了。就对个人权利的承认而言，这还是自然法学派的，但这并不仅仅限于人们通常所说意义上的国际法；就国际法层面的国家法权而言，则有了一重实证法学派的味道（失败国家将丧失完整主权，这是实证法学派的主张）。但是，由于非西方国家的当权者强调主权高于人权，国家法权层面上的自然法学派也未销声匿迹。

这种新的转向在非洲有一个很好的例证，就是卢旺达大屠杀所引发的一系列国际法问题。卢旺达大屠杀发生在 1994 年，此前的 1992 年美国刚刚在索马里维和行动中吃了大亏，便不愿在非洲承担起更多的明确任务。结果，原本有可能通过多派几千名联合国维和士兵就会被阻止的卢旺达大屠杀，在短短几个月的时间内夺走了约百万人的生命。嗣后流亡海外的卡加梅带领图西人的武装反抗组织，从乌干达出发，推翻了屠杀图西人的胡图人政权，并更进一步率领卢旺达军队攻入刚果（金）东北部以追击逃跑的胡图人武装。对于乌干达的穆塞韦尼、卢旺达的卡加梅等新领导人而言，他们并不认为干预其他已陷入混乱状态的国家的内部事务在道德上有何问题，虽然这与非洲统一组织的不得破坏既有疆界的原则相违背；国际社会因未能阻止卢旺达惨剧而生成的内疚感，也使得国际上默许了卢旺达的对外军事行动。卢旺达的干预引发了更大规模的刚果（金）内战，直到 1998 年才初步停歇，但刚果(金)内部的统一实际仍未完成。内战让刚果(金)的死亡人数超过了 390 万。一系列的屠杀迫使国际社会对非洲的失败国家加强了干预。

就非洲国家而言,此时出现了"新式"和"旧式"两种国际行为原则。① 旧式行为准则依托于传统的主权观,是在冷战背景下获得支持的,并就此转化为独裁统治的基础。冷战结束后,全球化对非洲形成了巨大冲击,如新的贸易秩序、轻型武器的大规模流动等,都将旧式主权观念对于非洲国家的不适用性展现了出来。于是,虽然有了新式行为准则,但它不能在不干涉内政这一基础上建立,相反,它鼓励超国家的干预,这实际上与后冷战时代的超国界全球化过程有着某种内在一致性。新旧秩序/准则之切换,在冷战时代向全球化时代的切换之推动下表现出来。从非洲统一组织(1963—2002 年)到非洲联盟(2002 年至今)的转换中,我们可以看到其国际法原则的变迁。非盟的和平与安全理事会有权在其成员国出现不符合宪法的政府更迭时实施制裁,以恢复正常的国家秩序和政府治理。这就使非洲的集体安全原则从非统组织时代的"不干涉"(non－interference)过渡到了非盟时代的"非漠视"(non－indifference),使非洲的区域组织在历史上第一次能够合法地对其成员国国内的危机事件进行干预。② 这一法理突破与卢旺达大屠杀以来的非洲秩序发展有着深刻的关联。

---

① 见[荷]罗尔·范德·维恩《非洲怎么了?——解读一个富饶而贫困的大陆》第六章《战争》。

② 参见罗建波《通向复兴之路——非盟与非洲一体化研究》第三章《非盟与非洲大陆的冲突管理》,中国社会科学出版社,2010 年。

冷战期间，非洲人为了远方的大国而打仗或是忍受当权者的独裁统治。20世纪末的多场战争之后，新式非洲国家有了生成的可能性。他们在较少外部干预的情况下，经历了更为血腥的战争，也正是在这一过程中，非洲的民主化有了一个新的开端。十年的战争令所有人都筋疲力尽，而苏东国家的轻型武器之大规模流出浪潮也渐平息，痛定思痛的非洲人重新开始考虑"我是谁"这样的问题，超越于简单的私人化庇护网络的国家建设也由此开始成为非洲人的深切渴望。战争后的卢旺达是一个例子，近年其发展势头相当不错。

于是，在未来，非洲秩序将在两个背景下展开。一个背景是，非洲意识会逐渐增强；另一个背景是，跨国金融秩序、资本秩序、卫生秩序、安全秩序等将作为宏观秩序而存在。这两个背景在宏观和微观层面各有一个结合点：宏观层面是脱胎于非洲统一组织并于2002年成立的非洲联盟；微观层面则是非洲的NGO（Non－Governmental Organizations，即非政府组织）。

5. 新秩序下非洲的政治空间结构

非洲国家的独立进程依托于冷战背景。冷战期间，建立了私人庇护制的非洲国家并未走向解体，原因之一在于其国家的公共性还可以由其政治性体现出来——冷战是最强硬的政治性，这也使得非洲国家的主权在法理上优先于非洲统一组织的权力。但是到了后冷战的全球化时期，国家的公共性通过那种政治性来体现的情况相对较少，而更多地要通过公共服务来体现。这需要有效的现代官僚制的建立，然而非洲国家的庇护体制无法有效提供这些东西，于是国家公共性便趋丧失，其政治秩序的私人化之弊端尽显，国家走向解体。但也正是在这一背景下，非盟的权力在法理上一定程度优先于非洲国家的主权这一点获得了确认，政治空间观念有了一种变化。

非盟是非洲一体化运动的成果，非洲一体化的大规模推展又是发生在冷战背景之下的。该运动在形成具体的组织形式之前原本分裂为两个大的国家集团：一个是蒙罗维亚集团①，主张非洲的独立主权国家建立一个松散的邦联，以推进基于自愿基础上的经济和文化合作；另一个是卡萨布兰卡集团②，主张按照恩克鲁玛所提的非洲合众国的路线建立坚强的政治联盟，在整块大陆上实行统一的经济发展计划和安全防务体系，并以此为基础实现非洲大陆的文化复兴。③ 非洲统一组织就是在克服这一分裂的基础上，于 1963 年建立起来的。我们可以看到，蒙罗维亚集团的国家多是通过较温和的方式实现独立的，其并未主张通过特定的政治模式来体现独特的非洲性，而是主张更多地进行经济与文化方面的合作；卡萨布兰卡集团的国家则多是通过较为激烈的方式获得独立的，与宗主国激烈对抗的历史经验，使其对于通过特定的政治模式来体现非洲性有着更深的期待，并且这与冷战背景也有着一定的关系。两个集团妥协的结果是，既然统一的非洲合众国不

---

① 前身是布拉柴维尔集团，现包括喀麦隆、刚果(布)、科特迪瓦、贝宁、布基纳法索、毛里塔尼亚、尼日尔、塞内加尔、中非、加蓬、乍得、马达加斯加、利比里亚、尼日利亚、利比亚、塞拉利昂、索马里、突尼斯、多哥、埃塞俄比亚等国。

② 包括加纳、几内亚、马里、埃及、摩洛哥和阿尔及利亚。

③ 参见罗建波《通向复兴之路——非盟与非洲一体化研究》，第 32 页。

可行,则反过来非洲国家的主权被更加有力地强调了,以突出国家的政治性。非统组织成立之初,其重要任务是继续推进非洲大陆的独立与解放。这个任务构成了非统组织和统一的非洲意识存在的理由,但它却是以西方殖民统治的存在为前提的,也是非统组织政治性的体现。待到西方殖民统治全面退却之后,非洲意识就不再拥有西方殖民者这样一个他者,自身内部便开始裂变出更强的部族意识,这在时间上与冷战的结束相距并不遥远。它导致了非统组织的运作成果有限,从而意味着将推进非洲性的重点落实在政治方案上的这种做法并不可行。

随着冷战的结束,非洲问题的政治性一面也逐渐冷却下来,非洲多个国家的残酷内战更是无情地嘲弄了那些曾经被他们引以为豪的政治国家。这时,非洲的外部世界是全球化在迅猛推进,内部秩序则是高度混乱,非洲吁求着新的空间秩序,非盟正是在 2002 年成立于这样的背景之下。它一方面开始强调非盟对于成员国在某些方面的法理优先性,一方面又将更多的精力放在了经济、文化的复兴与发展方面。于是,在非洲的发展理念当中,政治性开始退居次要地位,法律性和社会性被提到了更重要的位置。非盟的经济社会发展纲领被进一步明确为"非洲发展新伙伴计划"(NEPAD),该计划的第一款直接表达了其根本目的:"非洲领导人基于共同的认识和坚定的信念,誓言他们有急迫的责任去根除贫困,各自或集体地把他们的国家引上持续增长和发展的道路,同时积极参与世界经济与政治共同体。"

"非洲发展新伙伴计划"突出强调自主发展的思想,更加注重发展项目的实施。计划肯定了20世纪90年代以来非洲的民主化进程,同时更加注重在非洲国家推行“良治”,以便为非洲发展创造良好的政治环境与基础。“非洲发展新伙伴计划”认识到过去非洲的经济合作之所以难以取得进展,其根本原因之一就在于非洲国家治理能力的低下,为了推动“良治”,它们进一步建立起了非洲国家之间的相互监督和约束机制,即“非洲互查机制”(APRM)。审查内容主要包括民主与政治治理、经济管理与治理、社团管理与公民社会建设、宏观经济发展四个方面的内容。如果经过互查发现有某个成员国未达到预定的发展标准,则互查机制的专门机构有权要求该国在相关方面进行改革,否则该国将不能像其他新伙伴计划成员国一样从计划中受益。① 这种互查机制,有点类似于将穆罕默德·尤努斯建立的“格莱珉银行”所构造的信用机制②放大到国家间层面。通过若干国家彼此互为担保,使得发展援助的使用效能提高,也使得“良治”建设有了一种外在的约束力。这种互相监督的机制在法理上穿透了曾经不得侵犯的国家主权,构造了新的政治空间观念,恰呼应于全球化这样一个在经济层面上消弭国界的大背景。当下,新伙伴计划及“非洲

---

① 参见罗建波《通向复兴之路——非盟与非洲一体化研究》,第63—73页。[意]阿尔贝托·麦克里尼:《非洲的民主与发展面临的挑战——尼日利亚总统奥卢塞贡·奥巴桑乔访谈录》,李福胜译,中国人民大学出版社,2007年。

② 格莱珉银行专门向穷人贷款,借款者要有6—8人构成“团结小组”,相互监督贷款的偿还情况,如小组中有人逾期未能偿款,则整个小组都要受到处罚。这样的机制,相当于用熟人社会的外在压力作担保,信用机制不再是建立在个人所拥有的财产权之上——穷人之所以为穷人正在于没有财产——而是建立在一种共同体的基础之上。通过这种全新的制度设计,原本不可能获得贷款的穷人,也能够获得贷款从而有了摆脱贫穷的机会。

互查机制”的运作还有待继续完善，但这无疑是一种有前景的制度创造。

全球化是由资本、市场的全球扩展所推动的。这个推动力的内在运作原则是世界的均质化、齐一化，乃至对于所有疆界、差异的消除。现代性与民族性的冲突在近代以来通过诸民族国家的构造而获得一定表达形式，民族国家的强烈政治性刻意强调着差异，但这些差异在全球化的过程中逐渐被削弱，国家的政治性逐渐被其公共服务的功能所掩盖。均质化的过程消弭着个性，这终归会引起反弹，人们又会在微观层面萌生许多个性化的需求，以图自我意识不被消弭掉。这在非洲便通过诸多 NGO 的发展表现了出来。

非洲的 NGO 与西方的 NGO 不同。后者是在成熟的现代公民社会环境下成长起来的，具有现代公民社会民间组织的各种基本特征与属性。而非洲本土的 NGO 则大多是由传统社会延续下来的乡村结社、民间组织、族群团体、宗教组织等等演变而来，带有明显的前工业化社会传统社团的特征，比如地域性、血缘性、宗族性。非洲国家活跃的 NGO 组织在许多公共事务领域的重要性逐渐表现出盖过甚至替代政府的趋势，国际援助在非洲本土的落地也往往是通过 NGO 来完成的。这些 NGO 既有国际 NGO 在非洲的地方分部，也有纯属非洲本土的，而后一种组织的经费往往也是由西方的 NGO 进行支持的。在近年，本土 NGO 的成长速度远超国际 NGO 分部的成长速度。①

---

① 参见刘鸿武、沈蓓莉主编《非洲非政府组织与中非关系》，世界知识出版社，2009 年。

有学者认为NGO的发展，既是非洲国家中央政府瓦解的结果，也是非洲年轻国家政治一体化进程的阻碍。[①] 但是如果把这一现象放在世界秩序的变迁以及全球化这一大格局下来看的话，则植根于非洲传统的本土NGO的发展，恰恰是非洲人在均质化市场之外满足诸种个性化需求的途径。均质化的世界市场要求高度理性化的发展，“文明正在逐步朝着理性化和逻辑化方向发展的趋势已经成了非常明显的事实，……世上唯有普遍的东西才能是理性的”[②]，而普遍的、可以理性化的东西实则是抽象化的，与具体的生活情境不相干的。这对现代大规模社会来说是一种必须，因其覆盖的人众区别很大，需要依托普遍化的抽象原则来进行治理。但是非洲人并未真正进入这样一种大规模的现代抽象社会，而恰恰是生活在一种具体化的、诗性的情境之中。他们对于非洲的“黑人性”，不是通过一种抽象的理念来表达，而是通过所有黑人部族都敬奉的神物“牛”来具体化地表达。其对于人与环境的关系、发展与生存的关系、神圣与世俗的关系等等的理解，都从属于这样一种背景。那么，非洲本土NGO恰恰在后冷战时代这样一个去政治化的时期，为外界提供了理解非洲之需求的一个有效接口，是外界与非洲打交道时必须要引为伙伴的组织。

三　基于中非经贸耦合关系的非洲发展路径

① 参见刘鸿武、沈蓓莉主编《非洲非政府组织与中非关系》，第32页。

② [法]埃米尔·涂尔干：《社会分工论》，渠东译，生活·读书·新知三联书店，2000年，第246页。

1. 非洲的时代机遇

有了前面的诸多分析,我们便可以反过来设想一下基于中非经贸耦合关系的非洲发展路径了。

首先我们需要对于非洲所处的时代境况有个基本判断。

对非洲来说,它面临着双重使命。一方面是要重新进行政治秩序建设,另一方面是要进行社会经济的发展。这两重使命所面临的时代背景是全球化的到来,世界空间在宏观上的一体化与在微观上的个异化并行之局面,以及世界产业格局转移在可预见的未来终结化的现实;其所面临的本土背景则是城乡二元化所带来的社会问题,传统－现代二元化所带来的精神秩序问题,以及战乱后重新燃起的非洲复兴之强烈欲求。

综合这些使命与背景,则可以看出,非洲此时正处在一个时代变迁的门槛上,需要外力加以推动促其向独具特色的非洲式现代化发展。所谓非洲式的现代化,是指在全球产业分工格局之流转在可预见的未来已趋于终结的情况下,传统的现代化范式——先进口替代、再出口导向,在此过程中逐渐实现第一二三产业循序渐进的产业升级以实现现代化的范式——在非洲很可能已经行不通,其现代化必须另辟蹊径。我们不能再以单个国家为单位来思考其现代化问题,而需要以全球产业分工秩序这样一个大格局来思考非洲的现代化问题。在这种情况下,对非洲国家而言三大产业的全方位均衡发展就不一定是必要的,但同样也可以实现现代化。前文(发凡)已以澳大利亚为例说明其可能性,在非洲实际上也有类似案例,比如博茨瓦纳和毛里求斯,都是将自身整合在一个更大的经济体系当中，放弃了绝对意义上的政治经济独立，换来了社会与经济的良好发展。

那种绝对意义上的政治经济独立，是在 19 世纪上半叶开始到 20 世纪中期以德国的国民经济学为代表的追求，它以具有高度主体性诉求的民族国家这样一种割裂的政治空间为前提。但是，这种前提在二战后尤其是在冷战后的时代已经不复存在，当今世界的高度交融状态已经在极大程度上消弭了绝然对峙的政治空间，各国都处在你中有我我中有你的状态。全球化遂以对笼盖全球的军力之掌控和笼盖全球的资本之掌控为总体依托，同时，由一个世界霸主来主导。[①] 非洲不能自外于此秩序，否则不可能发展起来，其最佳选项正是主动融于此全球秩序当中。

非洲所面临的这个时代变迁，当以 50 年为一个单位来考量。非洲独立至今约 50 年，历尽苦难，走到了今天这样一个局面，人心思变；其恰与全球产业格局调整相契合，遂有了外部世界帮其作出某种规划的可能性。此处所谓的规划与我们通常所说的规划不是一个概念。一般的发展规划，是以对社会经济数据的详尽

---

① 西方近代历史上，这个主导性霸主曾经几次流转。从热那亚—西班牙体系（热那亚提供流动资本，西班牙提供军力，热那亚资本将保护成本外部化），到荷兰体系（资本与军力合一，以全球贸易作为财富积累手段，保护成本内部化），再到英国体系（资本与军力合一，以国内工业生产与全球贸易作为财富积累手段，生产成本内部化），再到美国体系（资本与军力合一，跨国公司消弭国界，交易成本内部化），直迄可能要到来的新的霸权秩序——“中美国”（美国提供军力和资本流通秩序，但其公共开支日益依赖于国债；以中国为中心的东亚提供了整个制造业秩序，并积攒下最大规模的外汇储备，作为最大债权国，从而反过来对美国构成某种制约力），全球化到这最后一个霸主时代已走到某种意义上的完结。参见[意]杰奥瓦尼·阿锐基《漫长的 20 世纪：金钱、权力与我们社会的根源》，姚乃强、严维明、韩振荣译，江苏人民出版社，2001 年；《亚当·斯密在北京——21 世纪的谱系》，路爱国、黄平、许安结译，社会科学文献出版社，2009 年。

掌握与分析为前提的，或者说是基于现代国家的数目字管理的，其规划的时间单位不会超过十年，通常是更短，否则随着发展，会导致现实数据与当年的规划相差太多，规划再无意义。而非洲国家之所以不发展，恰在于其现代国家的数目字管理无法做到。它们无法给出精细的数据与分析，而只能给出一些大致的、轮廓性的内容。故而，所谓的帮助非洲国家做规划，只能是在对全球秩序及其演变方向之分析的基础上，依凭对于非洲的定性认识以及大致的量化认识，帮其作出经济的轮廓性规划，然后进入政治和法律进程来具体推动该轮廓性规划的展开。这种轮廓规划必须依托于一种可以自行运转起来的动力机制，该种动力机制与全球秩序之运作的内在机制相谐和，则可使得非洲摆脱过去几十年的恶性循环，逐渐走上良性发展的轨道。所以，这种规划必定是一种全面规划，将政治、社会、经济、法律等融于一体而形成一种自动机制。此种全面规划，是一种"大政治经济学"的方案，而不是简单的经济规划，其时间单位必须融入一种历史性的品格，故而需以至少30年到50年为一个单位。

如此，我们可以大致地设想一下，对于非洲来说，放弃第二产业之大规模发展，通过一、三产业的发展来实现非洲模式的现代化之发展路径，不失为一个可行选项。在这种路径下，非洲依凭自己的比较优势，融入以中国为主导的制造业秩序之前端产业（矿业、农业）当中，便可完成早期的资本积累。凭此积累，非洲可以积极地推进基础设施与公共服务的建设，以进一步促动非洲内部贸易的发展，从而使其乡村农产品有更广阔、更直接的市场，解决农村的贫困问题以及一般的粮食问题，逐渐消解社会和经济上的二元结构。非洲各国政府需要参与到一般的制度设计当中，但很多具体的工作可以交由与传统社会结构有着深刻关联的 NGO 来推进，再在非盟和非洲区域合作组织等框架下，形成国家间的制约机制，以及可行的信用机制。如此，非洲各国内部的二元结构将会逐渐消解，通过大规模基础建设可实现国家的物理统一，而在 NGO 和非盟这两个层次上又能克服部族问题与国家建设之间的张力。外界帮助非洲所做的诸种规划，需要伴以大量资本的注入。非洲丰富的自然资源可从物质角度构成信用机制的基础，类似于“非洲发展新伙伴计划”这样的机制又可以从集体信用角度给信用机制提供另一个基础。

随着第一产业的良好发展，以及与传统社会有着深刻关联的非洲本土 NGO 在此过程中所起到的作用，非洲内陆的传统社会秩序将会再度恢复活力。非洲传统中所蕴含的人与自然的和谐关系，以及非洲人仍未被现代理性所规训的诗性生活，对于当下面临环境危机和理性铁笼的工业世界来说是一种心灵慰藉；非洲富有生机的文化与当地的野性自然，对于工业世界的人们则会构成巨大的吸引力。一句话，非洲可以提供工业世界完全无法提供的东西，构成人类的一个心灵栖息地。于是，非洲的自然与非洲人的生活本身都有可能商品化，亦即构成一种旅游资源和艺术创造力的源泉，从而形成一种独特的第三产业形态。围绕着这种产业形态，一般的内部贸易，以及对于配套产业和供应链管理要求不高的基本工业也有了发展的可能性，非洲于是走上其独特模式的现代化道路。

2.中非经贸耦合关系所能催生的发展路径

就前面的论述可知，要解决非洲的问题，具体来讲：需要在城市里提供足够多的就业机会，不一定要让多数人都有正式工作，只要能给大家以好的预期，便可有效消除动荡危险；需要为非洲的乡村农产品提供广大市场，以便解决农村的贫困问题；需要大规模建设基础设施，以便帮助农产品、内地的工矿产品能够更有效地运出去，实现国家内部二元经济的逐渐消解，以及实现国家的物理统一。要实现这些，不仅需要大量的资本投入，还需要能在一个较短的时期内迅速改造一个社会的经验与想象力。因此，非洲需要外部力量的帮助。

外部世界在过去所提供的诸多帮助成效不大，而中国的崛起则给非洲提供了新的机会。当然，反过来非洲也对中国的崛起有着极大的重要性。重要性之一表现在，中国可在非洲学习如何进行国际议程的设定。譬如，非洲虽然资源丰富，但其受困于资本秩序所控制的全球定价体系，中国同样受困于此，表现为我们"买啥啥贵，卖啥啥便宜"。通过改造，使得国际政治经济秩序适应于新的格局，是当下的一个重要任务。改造不是推倒重来，而是通过新的谈判议程的推出，来渐进式地完成变革。对于新议程的提出，需要该倡议国具有足够的实力，并在议程所涉领域具有重要的利益，其所倡议的主张才可获得其他国家尤其是主导大国的认真对待。由于中国在国际议程设定问题上的生疏与不自信，我们不知道该如何主动地表达并落实自己的利益，这需要时间与场所来学习。非洲刚好提供了这样一个场所，就当下而言，中非贸易的迅速发展，使中国有正当的理由与需求在非洲发起新的议程谈判；并且非洲也需要有西方以外的力量来改变国际贸易秩序，从而至少是使得自己有讨价还价的空间。非洲是中国的一个上佳学习场所，并且对方很可能也正欢迎我们以这种方式到来。

通过设定新议程来拓展国际空间，对于中国来说还有另一种意义。中国崛起于核时代，而核大战的威胁使得大国之间不可能再像从前那样，通过战争等手段来实现国际秩序与权力之格局分配。新的全球秩序只能是通过基于一套国际机制而形成的抽象性控制来实现，此即资本帝国秩序，这一点在冷战结束后变得尤其明显。所以，我们可以预期，未来国际秩序的变迁是通过对于新的国际机制之议程的设定权的争夺与转移来实现的。在这样一个背景下，中国的"和平崛起"便是一种战略必需，而不仅仅是个口号。

对于具体的发展路径，我们可以从如下几个角度展开更具体的考察。

A. 反思援助政策

非洲当下正处在资本严重短缺的状况下，对此我们需要避免一个误解，非洲的确存在绝对意义上的资本短缺，但这并不意味着其内部一无所有。实际情况是，"这些穷国有许多看不见的、处于休眠状态的现金，……非洲的核心问题不是缺乏现金，而是其金融系统确实无效率——借方借不到钱，贷方贷不出去，任凭数十亿美元被人遗忘”[①]。也就是说，非洲欠缺将金钱转化成可盈利资本的有效制度安排。这有两重原因，一方面是欠缺有效的信用机制，另一方面，是过度的无偿援助。

据莫约的实证研究，在过去的30年里，大多数依赖援助的国家已经显示出了平均每年0.2%的负增长，1970—1998年，在对非洲的援助资金达到高峰时，非洲的贫困率从11%增长到了难以置信的66%。[②] 这当中当然有本文在前面部分提到的各种宏观和微观的原因，但外部世界现有的援助机制在其中所起到的负面作用也是不容忽视的。援助分为两种，实物援助和资金援助。非洲国家经常接收的实物援助都是一些低端的、本土可以制造的日用品。然而，由于无偿援助品的进入，使得本土的制造商被挤垮，陷入贫困。就资金援助而言，世界银行、IMF、联合国的诸多援助机构，以及诸多注册的国际NGO、慈善团体和政府援助机构等，每年都有对非的援助预算。对于前述部门中专司援助的人员而言，他们以发放援助为生，每年如果援助款项没有及时发放完毕，则会影响到来年的预算分配，甚至危及自己的职位。所以，其对资金援助的发放与管理，经常会走到与制度设计者的初衷相反的方向上去。不过这也是现代官僚制的一个弊病，难以避免。

资金援助与外来投资对于制度发展的影响是不一样的。首先，援助是非利润导向的，在受援地的资金使用效率必然低下，相

---

① [赞比亚]丹比萨·莫约：《援助的死亡》，王涛、杨惠等译，世界知识出版社，2010年，第100页。

② [赞比亚]丹比萨·莫约：《援助的死亡》，第33页。

比而言，援助者需要将钱花掉以显示成果，而投资者则需要有利润回报。其次，援助与回报无关，对于受援者来说这是个稳定的现金流；外来投资则与回报率直接相关，现金流不是必然到来的。所以，援助不会推动有效制度的建设，而投资则有可能推动制度建设。同时，没有好的制度建设和信用机制，则意味着非洲内部的现有资金也只会处在休眠状态，不会转化为资本，更不会带动社会经济的发展。

所以，要帮助非洲建立资本秩序，就需要逐步减少那种起副作用的援助，而帮助其把有效的信用机制建立起来，使其发展起能够正常运转的资本市场与国债市场。当下很多非洲国家融资成本很高，但因其国家太小且信用机制脆弱，资本风险太大。那么，有几个办法可以建立起信用机制。

第一，适当改造“非洲发展新伙伴计划”，以非盟框架下的区域组织为基础，形成相互担保的集体信用机制，如此则可以降低风险，从而降低融资成本。

第二，帮助组建非洲货币基金组织，帮助各国稳定本国货币。非洲国家在几年前就已在筹备非洲货币基金组织的成立，其总部计划设在喀麦隆首都雅温得。但直到现在该组织仍在筹备之中，远未成形。

第三，以非洲现有待开发的庞大矿产资源为担保，将其资本化。

第四，充分利用南非现有的金融体系，利用南非关于非洲金融与信用机制的本土性知识。

B. 资源抵押贷款

非洲的发展需要外来资本的注入：一方面是外来的投资，一方面是外国贷款。外来投资是一种公司行为，非洲的轮廓性规划不会是其关注点；相反，好的轮廓性规划的展开则可以吸引来外来投资，而这种规划的启动就需要一种开发性贷款的进入了。

世界银行一直在向非洲国家发放开发性贷款，但是效果不甚理想。一方面，其规模不够大，不足以启动非洲国家的发展；另一方面，由于非洲国家财政纪律恶劣，世界银行的开发性贷款在打入东道国的账户后，常常流入其执政集团私人的腰包，最后也无法偿还贷款，于是就变成了莫约所批评的那种带来负面效应的援助。

中国近年的开发性贷款在财政纪律设计这方面有一些比较好的实践。美国的非洲问题专家布罗蒂加姆在其近著《龙的礼物》一书中，讨论了中国的援助方式。她以华为公司在塞拉利昂的一个项目为例，展示了中国对非优惠贷款项目的此种典型流程。中国政府向塞拉利昂承诺一个援助框架，而中国方面的政策性银行——在此案例中是中国进出口银行——则相应地提供一个贷款额度。以这两个框架为基础，华为公司提出了项目建议，塞拉利昂财政部提出贷款申请，然后中国进出口银行进行了初步评估并同意开展下一步工作。塞拉利昂财政部与中国商务部就贷款条款签署框架协议（因为这是对外援助资金，所以需要商务部参加），并与中国进出口银行签署优惠贷款协议。然后，当华为因承接工作或出口商品而要求塞拉利昂电信公司付款时，塞拉利昂电信公司同意了要求并提交给塞拉利昂财政部，其财政部于是要求中国进出口银行向华为支付款项，并承担还本付息的责任。[①] 在这个过程中，开发性项目完成了，但是非洲政府方面并不会见到现钱，于是，起码来说，非洲方面的财政纪律被动地建立了起来。

中国进行的类似优惠贷款，通常是以资源为抵押。这种信用结构可以使比较大规模的贷款成为可能。有趣的是，世界银行一直拒绝以资源抵押为信用基础发放贷款，因为他们担心世界市场上的原材料价格波动，会毁掉受援国的还款能力。前文已经分析过，20 个世纪 80 年代非洲陷于债务危机，的确与原材料价格波动有关系。

中国之所以肯做资源抵押贷款，中非经贸耦合关系再一次成为这里面的关键要素。由于中国的“世界工厂”地位，以及中国持续的城市化进程，使得就中长期来看，世界市场上的资源价格会保持上升趋势，于是资源抵押贷款便是一种可行的方案。布罗蒂加姆就中国的援助方式评论道：“中国的援助与发展资助体系与国际货币基金组织或世界银行，甚或私人银行的运作方式——直接将钱存入政府的账户，尽管有所预防和监控，但这些钱可能还是蒸发了——有所不同。……把钱留在中国和以存入代管账户的自然资源的出口为抵押，意味着基本不可能出现那种在一些资源丰富国家经常会出现的大规模贪污。”[②]

前述的中国开发性贷款的实践，基本上还是处于单个项目规

---

① [美]黛博拉·布罗蒂加姆：《龙的礼物——中国在非洲的真实故事》，沈晓雷、高明秀译，社会科学文献出版社，2012 年，第 121 页。

② [美]黛博拉·布罗蒂加姆：《龙的礼物——中国在非洲的真实故事》，第 281 页。

划的层面上。但是，如果中国方面能够帮助非洲国家进行那种轮廓性规划，并在此种规划的框架下，以既有的实践方式来运用开发性金融，则一种配合着国家层面财政纪律的开发性金融框架便可以建立起来，非洲国家的整体性发展从而成为可能。

非洲丰富的资源在过去构成一种“资源的诅咒”。因为资源型经济有一个特性，就是矿业资源开发是高资本、低就业、高利润的一种行业，加上非洲的矿业资源只面向国际市场而与国内基本无关，这便极易形成若干个精英寡头对国内矿业的垄断。这在非洲一方面带来精英与大众的分化，另一方面更重要的是，垄断而带来的精英寡头之间的争夺，结合于贫富分化，很容易衍生成部族冲突。于是垄断寡头有足够的激励去购买军火积蓄实力，内战又会被培育起来。但并不是每个资源丰富的国家都会面临“资源的诅咒”，只要该国有良好的宪政机制在运转，便可以驯化矿业的巨额财富，将其转化为国家公共财政的重要来源，提高国民福利水平。

非洲国家都曾设计良好的宪法，只是由于其社会、经济等问题，宪法在落实上有着严重的问题。前述开发方案与其宪法完全可以并行不悖，可以在宪法框架下进行一系列新的机制设计。如果这些构想能够变成现实，那么便可以形成某种财政宪政体制，逐渐驯化那些危险的矿业财富，并强化非洲国家的公共服务的良好品性，适合于前文所分析的现代政治需求。

C. 大规模基础建设

落后的基础设施严重抑制了非洲的发展，外部世界所提供的开发性贷款，主要应该投入到基础设施建设方面。但是，由于发展的方略决定了基础设施建设的安排节奏，首先需要考虑非洲的经济发展应当以何种步骤来走，才能对非洲的基础设施进行总体规划研究。

依照前文的分析，发展农业是非洲摆脱贫困的最佳途径，只有通过农业的发展，才会有非洲内部短途和长途贸易的发展，这会促进发展福利的普遍分享，逐步实现均富的目的。

为此，非洲当下的基础设施建设首要的不是高速公路或高速铁路，也不是体育馆和大楼，而是如下诸种：1. 乡村土路；2. 农田水利电力建设以及农业基础设施如农村供销社等的建设；3. 港口、铁路配套设施建设，以及统一的铁路标准的制定。对于农业的发展而言，使得农产品可以有效地销售出去，且农业投入原料可以有效地运输进来是非常关键的。对于这两个目的而言，乡村土路以及农田水电、供销社等的建立将是基础性的工作。非洲农业的市场不仅在本洲，更是在世界，对于这种长途贸易，铁路设施以及配套的港口设施的建设将是很关键的。非洲当下各国铁路轨距标准不一，严重地影响了跨国铁路运输，应当以非盟为主体，来推动统一铁路标准的制定与改造。

同时，关乎旅游业的基础设施建设也需要展开，这将使得前述的有非洲特色的现代化模式得以展开。

为了使这些新建立的基础设施可以有效运作，又需要在非洲加强人才培养，使当地拥有足够多的可以进行现代基础设施的维护与运营的人员，否则基础设施将沦于无用。这一方面需要在非洲加强现代教育的普及，另一方面需要外国帮助非洲本土进行相关人员的培养。对此,中国在基础设施建设,以及相关人员培训方面有着丰富的经验,可以为非洲提供帮助。

D. 农业发展与非洲特色的第三产业

对于非洲的广大内陆农村地区而言,最终可以帮助其脱贫的还是农业,因其吸纳劳动力的能力是最强的。我们可以现在有着相当农业规划的坦桑尼亚为例来分析其发展路径。

坦桑尼亚是东非的核心国家,该国有着一个庞大的"南方粮食走廊"(SAGCOT)计划。该走廊是上好的玉米、大豆、木薯等作物的生产地。若能在坦桑尼亚沿海地区建立加工厂,将这些农产品提炼为淀粉、燃料酒精等,再加上中国对其有着巨大的需求,也只有中国能够提供如此庞大的需求,这样一来,坦桑尼亚便可借助中国之力而实现农村的脱贫。通过大规模基建,外部世界可以帮助"南方粮食走廊"建立起较为完善的物流、仓储系统。建设这些系统本身便会提供大量的就业,待其建设完成,坦桑尼亚的农业便能够超越简单的自给自足再生产,而转化为商品化农业生产,中国将为其提供极为广阔的市场。基础设施的完善以及农产品的充分市场化,更会使得非洲的粮食分配机制获得极大改善,化解其可能出现的饥荒问题。[①] 困扰非洲的城乡二元格局,因此可能逐渐化解,实现农村地区的脱贫,进而对现代日用消费品产生更大需求。随着坦桑尼亚的率先发展,辅之以坦桑尼亚的海港

---

① 据阿玛蒂亚·森的研究,非洲地区的饥荒更多的时候不是因为粮食不够,而是因为粮食分配体系出现了严重的问题。参见[印度]阿玛蒂亚·森《贫困与饥荒》,王宇、王文玉译,商务印书馆,2001 年。

的发展潜力，该国可以逐渐成为整个东非共同体（坦桑尼亚、肯尼亚、乌干达、卢旺达、布隆迪）的物流、贸易中心，并可将赞比亚、马拉维等地上好的农业资源也整合进一个更大的市场之中。这样一来，东非共同体这种区域合作组织便有了实实在在的内容。

非洲的农业有两种形式：以小农为主的生存型农业和少量的土地经营规模较大的商品性农业，即农场。就吸纳就业而言，小农占据着绝对优势，以利比里亚为例，占据人口70%的小农家庭经营着全国80%以上的耕地。此外，由于小农在生产过程当中贷款需求非常强烈，[①]所以，农村金融体系的建立又是另一个重要的建设任务。由于非洲一般百姓对于现代信用机制的不理解，使得信用构建成为乡村小额金融体系的一个难题。这方面完全可以借鉴格莱珉银行的经验，由非洲本土NGO来推行相应的工作。

几十年来，中国对非洲的农业援助做了很多工作，但是我们主要的援助项目包括建立示范农场、援建试验站和农业技术示范中心、派出农业专家等，一般来说效果并不理想。就农场和试验站、技术中心等项目来说，首先，农场对于吸纳非洲农村劳动力的作用非常有限；其次，这些农场都需要当地政府有较强的社会动员能力和管理能力，否则一旦中方人员撤离则难以维系；再次，试验站、技术中心等机构所提供的服务，非洲小农很难消费得起，基本上都是为农场服务了，而前已述及，农场对于解决非洲问题作用极其有限。所以，综合来看效果并不好。就农业专家而言，非

① 李小云等著：《小农为基础的农业发展：中国与非洲的比较分析》，第七章《中非家庭农业生产组织与运行比较》，社会科学文献出版社，2010年。

洲国家的农业产业分布并未像中国这样形成规模化的带状分布产业带，农业技术从农业专家推广到农户直接参与以后，难以再形成技术扩散的路径，因此难以对非洲国家总体的农业技术扩散产生积极的作用。此外，非洲的农业，其要素价格与中国大不同。中国是地少人多，需要精耕细作，我们的农业技术更多地也是在这方面着力；非洲则是地广人稀，人均土地占有量远高于中国，而由于乡村金融体系的欠缺，人均资本投入又低于中国，这使得我们提供的技术服务往往并不适合非洲所需。[①] 这些也都意味着小农经济的发展才是更好的出路。

非洲农业发展当中还有一个重要问题，即非洲复杂的土地产权状况。非洲国家多半试图用国家制定的对土地和资源的个人财产权来取代传统文化下所承认的土地权利，以及将未经实名注册的土地视作国有土地，然而很多非洲人并不承认这种国家设定的土地权利，而是仍然依照传统文化来理解土地权利。这就导致在很多地方，国家所规定的私有资产权利不被视为合法的，反倒是传统的土地分配模式，具有更强的民间基础。这种状况也使得以小农为基础的商品化农业才是非洲农业发展当中制度成本最低的一种样态。

通过这番分析可以看出，小农经济的恢复与非洲的传统文化之间有着契合关系，它将使得我们在前文设想过的非洲特色的第三产业的发展成为可能，从而提升非洲在价值链当中的地位，实

① 李小云等著：《小农为基础的农业发展：中国与非洲的比较分析》，第八章《中非农业发展中的对外学习与外部支持》。

现更均衡的财富分配。非洲学者对此也曾经有过深刻的思考。津巴布韦学者鲁库尼(Mandivamba Rukuni)在对非洲传统农业问题的研究中提出:

通过价值链的发展使小土地拥有者农业商业化,而价值链的发展应基于符合上述农业复兴原则的小型家庭农场。对家庭生产单位可以在生产技术、提高附加值、企业精神、创造财富和基础价值链管理等方面进行强化培训。在社区层面上创造财富的过程不一定依赖于正规教育,但应包括:1. 构建物质和生物的资产:改进林木、草本植物、动物等的质量;公路、水井、粮仓、改善的住房。2. 本地产品和服务的流通:家庭经营;将家庭延伸作为经营的模式;将产品和服务交换本地化。3. 提高自我就业的价值:开始自己的经营和项目;在一定年龄之后拒绝为其他人工作。4. 将生活和生存的技能传给年轻一代:食品的生产和储存;家居改善;项目管理。5. 将问题和挑战转化为商业机会;文化产业和家庭手工业将成为未来获利丰厚的商业。[①]

3. 中国的崛起与经济伦理的转换

全球化的进展是在英美资本秩序主导之下展开的,英美资本主义的经济伦理具有浓重的清教色彩,但是随着资本主义的发展,这种经济伦理正面临着挑战。这有至少两方面意涵。

第一,清教伦理所推动的资本主义能够不断发展的前提,是有一个远远大于清教经济体的市场存在。一旦这个市场被填满,

① 参见[南非]莫列齐·姆贝基编《变革的拥护者——如何克服非洲的诸多挑战》,第253页。

便需继续开发新的市场，否则理性资本主义的生产秩序便难以维系，这也就是马克思所说的资本主义的内在矛盾。也就是说，资本主义经济可以外部世界为代价，提高自己的边际收益。但是，到了后冷战时代，外部市场逐渐被开拓完毕，全球都融入资本主义秩序，这就意味着依从清教伦理的经济模式走到了尽头。清教的理性经济伦理又是依托于严格的个人主义的，清教伦理用严苛的道德标准要求信徒，使其对于生活、工作都要进行仔细的理性计算，努力工作的成果不得用于享乐，而是要以此来荣耀上帝。在有外部世界来消化资本主义内部的环境成本、资源成本以及伦理成本时，这种个人主义经济伦理会带来其效率最大化；但是一旦外部世界全部被内部化了，则此种个人主义便走到了自己的尽头。

第二，清教伦理强调了犹太一神教的传统，对此岸世界进行了彻底的祛魅。这带来的一个结果是，此岸世界的各种价值都被均质化，彻底地消弭掉了天主教中曾经非常重视的等级责任伦理。于是，所有人都要同等地参与竞争，所有人都要服从同样的成败标准。在竞争中处于不利地位的人群，被清教视为被上帝抛弃的标志，而非外在条件不济所致。这推动了清教经济体的迅速发展，其效率超过了其他经济体，最终使得其发展起的资本秩序涵盖了所有经济体，并将许多地方置于竞争中很不利的位置。简单地用“被上帝抛弃”一说来正当化竞争失败的人群的悲惨状况，在伦理上是很有欠缺的——这带来一种“伦理成本”——但这种欠缺在清教经济伦理内部却是无法弥补的。

在近代西方历史上，有另一种经济伦理一直在对清教经济伦理进行批判，那就是天主教经济伦理。天主教经济伦理认为经济的出发点应当是满足人类的需求，而不是营利。对于个人来说，保证与其身份相当的收入，构成收入的极限。从事经营活动的人不允许只为自己而追求自己的目的，他是社会的成员，因此他必须将自己的职业看作职责并加以履行，必须始终考虑到公共福利。社会因此而形成有机的等级划分，这是必须尊重的差别。[①]所以，天主教经济伦理着重于以下几个原则：一是人格尊严，人应当作为目的而存在，清教模式的极度祛魅对人是危险的，经济的最终目标不在其本身，而应当是人性的绝对目标——使得人类能够习得上帝之仁爱；二是合理价格、合理竞争，不得因过度的理性计算而导致过高的伦理成本，如有必要，政府得干预之；三是团结互助，天主教并不认为人类是分散独立的个体性存在，而是一个大的共同体，应从这样一个总体性的角度来思考前述诸种成本问题，尤其是这个共同体还是个时间性的共同体，即当代人要为后代人考虑；四是等级责任伦理，天主教认为不同人的先天禀赋、后天机遇并不相同，不能做齐一化要求，反过来，责任是与能力相匹配的，拥有更强能力者，理应负起更多的责任。二战后德国的发展道路之选择，与对天主教经济伦理的反思有着深刻关系。[②]

在有外部市场空间存在的情况下，清教经济伦理的效率远胜

---

① 参见[德]席林《天主教经济伦理学》，顾仁明译，中国人民大学出版社，2003年，第57—58页。

② 参见[德]席林《天主教经济伦理学》“中译本导言”，第9—13页。

于天主教经济伦理，所以后者在中世纪时虽维系了一个温情融融的西方经济世界，但在进入近代以后便逐渐被清教伦理压制住了。但是，随后清教经济伦理推动着世界市场空间逐渐闭合，它开始面临着自身无法克服的结构性矛盾，此时天主教经济伦理的价值重又显现出来。

然而天主教世界的经济并不足以支撑起对世界经济秩序的重构工作，这个工作需由中国来完成。在资本主义盟主美国逐渐将其经济金融化之后，世界实体经济将转移到中国，并且可能由于中国的生产、由于中国对各种市场的开发，而完成使世界市场闭合的工作。在此过程中，需要有另一种经济伦理、秩序原则的指引。中国的传统文化也有着对于作为共同体的集体责任伦理的深刻思考、对于等级责任伦理的深刻考虑等，其诸多原则与天主教经济伦理之间有着相当的共鸣性。然而前者已经丧失了由自己推衍出一套覆盖世界的公共秩序空间的机会，后者则仍存在这种可能性。中国完全可以将其中的精神原则抽取出来，作为东西方共同的伦理财富加以阐发，它将一方面由此对自己的发展模式进行反思，一方面更作为一种新的世界意义之倡导者而存在。

中国由于自己的迅速崛起，而给非洲带来了发展的机会。但是使得这种机会能够转化为非洲人民对发展福利的普遍分享，而不是使其再度落入混乱之中，中国于此是有伦理责任的，这也吁求着中国更新自己与非洲的合作战略。我们的全新战略必须能表达出一个大国对世界责任的切实担当。

我们可以设想一下，倘若中国真的构造出了新的可行的对非合作战略,并切实地推进了它,则中国将帮助非洲把握住时代的脉搏,完成其秩序建设乃至发展出非洲式现代化。中国的发展将外化为非洲等不发达国家的发展,我们庞大的物质力量便会被导入一个具有普遍性的世界秩序的轨道,并且找到其恰切的出口与用途。在此过程当中,非洲的生活方式、传统文化等以一种独特的第三产业的方式复兴,工业世界的人类也可再觅到一种灵魂的解放空间。单纯的物质发展从这个角度将转化为一种精神性价值,而中国在此过程中所履行的等级责任伦理,将中国的物质发展从一个更高的层面上转化为一种精神性价值,具有世界意义。

所以,我们要记住,中国的对非合作,体现出的是中国的世界历史责任。帮助非洲,同时更是在帮助我们自己。

专　题　研　究

霸权、均势及其挑战

——19 世纪末 20 世纪初的英国与德国

马　骏①

19 世纪末 20 世纪初，世界主要大国间的力量对比发生了对霸权国家英国极其不利的变化，英国的经济实力和军事实力开始从巅峰状态跌落。在全球范围内，英国深深陷入了与其他大国的矛盾纠葛之中，越来越难以在合理的资源消耗限度内应对挑战，捍卫其遍布全球的海外利益。在欧洲大陆，新兴大国德国逐步取得了主导地位，其国家意愿和行为方式也在发生微妙变化。欧洲大陆体系已经悄然出现了严重失衡，作为英国霸权之支柱的欧洲均势业已动摇。

面对不可挽回的霸权颓势，英国利用霸权国家的权势优势，在全球和欧洲两个层面调控大国权力分布，完成了对欧洲权力格局的再塑造。这一轮大国关系的重组，最终以英国引领下的法国

① 作者就职于上海外国语大学国际关系与外交事务研究院。本论文受政治学—上海高校一流学科资助（项目号：2013GXYLXKZZXGG）。

和俄国重返欧洲而告一段落。

一 英国的衰落与欧洲体系失衡

英国的衰落一言以蔽之，就是英国的战略利益与可用于维护利益的资源之间出现了严重的、不可克服的脱节。英国拥有的以武装力量为标志的战略手段不足以保障国家安全、维护国家利益，必须通过外交战略的重大调整来恢复目标与手段之间的平衡。

英国的衰落具体表现在以下几个方面：1. 英国经济和军事实力的相对衰落；2. 英国沉重的海外义务及在大国中的孤立处境；3. 传统政策工具海军优势被削弱；4. 英国所可能拥有的政策工具不足以应对新型威胁。

20 世纪初，新兴大国美国和德国已经在经济发展和军事实力等多项指标方面接近或超出英国，并且已经取得了与英国持平的发展水平。其中，唯有海上实力，英国尚能保持相对于德、美的较大优势。尽管在第一次世界大战前，英国仍能继续保持在海军领域的领先地位，但维持这样一支强大的海上力量所需的花费，在英国经济中所占份额越来越大。

这一时期，英国与传统对手法俄之间的实力差距也在缩小。

直至大战爆发，英国的颓势尚未出现逆转迹象。

法俄作为英国的传统对手，在欧洲以外如北非、近东、中亚和远东等广泛地区同英国存在错综复杂的利益冲突，因而彼此展开了激烈角逐。正如1885年英俄平狄危机、1898年英法法绍达危机所表明的那样，这种竞争的强度，有时候甚至达至战争边缘的程度。1902年爆发的布尔战争更是暴露了英国外交的空前孤立——英国在欧洲大国中没有朋友。

更为糟糕的是，鉴于英国遍布全球的义务，以及与法俄等大国间难以调和的矛盾，凡涉及英国的重大危机都有可能产生连锁效应。共同反英或许会成为大国利益的一个契合点，促成在对抗英国基础之上的大国联合。站在英国的立场而言，大陆国家联合对英国世界地位的威胁仅次于大陆霸权。

19世纪中晚期以来，欧洲大国关系出现了重组迹象。1891年法俄结盟后，欧洲大陆形成了德奥意三国同盟与法俄同盟两大军事政治集团。英国无论是维护海外利益，还是干预欧洲事务，面对的已经不再是单独的国家，而是大国联盟。英国权力资源的量级和效能都因此被打了折扣，传统的光辉孤立政策必须顺应形势变化作出相应调整。

随着法俄等主要大国加入海军军备竞赛的行列，英国外交和安全战略的支柱——海上优势被削弱。世纪之交，法俄海上联合力量已经取得针对英国地中海舰队的优势。英国对通向印度的海上要道的控制力正在丧失。依靠自身资源，不足以在合理的财政限度内解决英国面临的安全问题。德国加入海军军备竞赛更是加剧了英国的困境。德国海军大臣提尔皮茨明确指出："德国的地理位置将使得这个新舰队对于英国尤其具有威胁性。为了保障英国本土安全，英国就必须从地中海和世界其他地方撤回自己的海军。这样就使得英国在法国和俄国的压力下变得更加脆弱。”

世界主要大国间“权力资源对比”的变化有可能改变这些国家的意愿和行为方式,并对既有权力关系构成重大挑战。

对于英国的全球战略来说,更为致命的是,对英国海外利益的重大威胁既来自海上,也来自大陆。随着俄国中亚铁路向阿富汗边境推进,英属印度几乎被置于难以防卫的境地,英国无法动用海军来保卫印度。地理因素决定了在同样的军备投入情况下,俄国在印度方向制造麻烦和威胁的成本要低于英国应对这种麻烦和威胁的成本。英国为防卫印度而投入的资源,可以被俄国轻而易举地抵消——英国无法在中亚赢得同俄国的陆上军备竞赛。防御印度所需的资金和人员负担是英国所无法承受的。

经济技术和社会组织形式变革造就的国际关系标志性“权力资源种类”的变迁,可能成为推动大国关系演变的动力。这类变革是任何大国都难以操控的,因此无法在对外政策的框架内予以逆转,而只能应对。

与英国衰落互为表里的,是欧洲权势格局的严重失衡。

19 世纪末 20 世纪初,英国苦于战略资源捉襟见肘,同时在海外深陷同法俄等大国难以调和的竞争,而德国在已经拥有首屈一指的陆军的同时,开始谋求世界头等海军强国地位。德国崛起正在形成倾覆欧洲大陆均势的威胁。

英国与法俄之间的矛盾、对抗和冲突,使德国获得了影响英国政策的强有力的杠杆。德国还利用英国与法俄在海外相互牵制无暇顾及欧洲之机，逐步扩大了其在通常情况下无法享有的在欧洲的权势优势。英国与法俄对欧洲以外事务关注度的上升、英国与法俄在海外的对峙、英国与法俄视对方为本国海外利益的主要威胁等这些状况，分散、牵制和耗费了英国与法俄对欧洲的战略资源投入，损害了这些国家在欧洲事务中的地位和影响力。英国与法俄在欧洲以外地区的紧张对峙，其欧洲效应就是解放了德国。欧洲大陆体系对德国的束缚为之松弛。这正是身处大陆，东西两线被围的德国在 19 世纪晚期加入海军军备竞赛的先决条件。只要法俄这两个陆上强国的注意力被与英国的竞争牵制在海外，法俄就难以在欧洲大陆抗衡、威胁和挑战德国，德国就能够在欧洲大陆确保对法俄的陆上优势的同时，有较为充裕的资源建设一支名列世界前茅的强大海军。法俄同英国的海军军备竞赛，既为德国的海军计划提供了额外的掩护，也是德国海军计划的威力倍增器。

衰落导致了英国的全球战略与欧洲战略之间保持平衡的难度上升。

首先，英国在战略资源的分配上已经无法同时满足全球战略与欧洲战略的需要。这不仅仅是权力资源的数量问题，还涉及陆海两种基本权力资源的种类问题。同时保有海陆两个军种的绝对领先地位，是现代条件下任何大国都无法奢望的。其次，保卫英国海外利益的要求与执行一项行之有效的欧洲政策之间出现了难以调和的矛盾。尽管英国与法俄在海外激烈竞争，但法俄的实力一旦遭受严重伤害，势必危及欧洲大陆脆弱的大国平衡。如果为保卫英国的海外资产同法俄发生高烈度对抗乃至冲突，无论胜利还是失败，英国都难以承受这种冲突的欧洲后果。再次，英国与其他大国的竞争地点主要在欧洲以外地区，但英国集中经营海外事务的前提条件是欧洲大陆体系对俄法德等大陆强国的约束。作为英国与法俄海外竞争的非意图后果，德国在欧洲大陆取得了无与伦比的优越地位和行动空间。英国与法俄海外竞争的加剧，正在破坏英国行为的前提条件——欧洲大陆的均衡，而欧洲体系失衡的恶果之一，就是德国加入海军军备竞赛，这会进一步加剧英国的战略负担。

德国问题究其根本，不仅是英德力量对比的变化所致，同时也是欧洲均势体系失衡的结果。因此，要应对德国问题，就不能仅仅将它放在英德关系或对德政策的框架内，而必须置于全球战略格局的框架中，并从解决欧洲体系失衡入手。这一任务唯有英国这样的海洋性霸权国家有条件完成。

二　英国的战略选择

19、20世纪之交，有两个因素导致了英国的战略困境：一、英国实力地位的下降；二、欧洲体系失衡。为了在新的历史条件下重建目的与手段，以维持全球战略与欧洲战略之间的平衡，英国充分利用了霸权国家的权势优势，积极主动调控全球战略格局，以恢复欧洲体系的均衡。届时，英国将不再单独依靠本国力量，而是在一个英法俄德相互制衡的欧洲均势体系中，约束主要大国的行为。

英国新一轮战略调整的目的,从表面上看,是试图与主要竞争对手达成谅解,通过外交手段,以较为低廉的成本保卫英国的海外利益,减轻它的资源负担。英国新战略的实质,其实是为英法俄力量重返欧洲以应对当前主要威胁创造条件。对于当时的英国,这一威胁并非特指具体的国家,而是指特定事态——欧洲体系的失衡。

1904 年《英法协约》、1907 年《英俄协约》在承认法俄海外权益合法性的基础上,划分了英国与法俄各自的势力范围。这就为英法俄分别从海外竞争中脱身重返欧洲创造了条件:一、降低了法俄对英国海外利益的威胁程度,使英国可以腾出手来关注欧洲事务;二、切断了此前一再出现的凡涉及英国的危机都会出现的连锁效应,当英国与其他大国的关系出现危机时,可以免于来自法俄趁火打劫的伤害;三、通过缓和与法俄的关系,减轻了法俄在海外的安全牵制,使法俄在与德国交涉时处于更为强有力的地位,无形中提升了德国与法俄达成妥协的门槛;四、通过帮助法俄从世界其他地方脱身,鼓励法俄将更多的战略资源投入欧洲事务,为重建因日俄战争而遭受严重损害的法俄在欧洲的大国地位创造条件。

法俄一旦以欧洲为战略重点,德国势必成为法俄的主要竞争对手。英国固然看重与法俄的友谊,但来自法俄的友谊只有在欧洲形成法俄与德国相互牵制的情势下才有意义,也才是可靠而有保障的。英国利用法俄在欧洲制衡德国,其客观效果是德国在欧洲对法俄的制衡。

此番战略调整之所以能够取得成功,是因为英国找到了与法俄利益的契合点——法俄同英国一样,都无法长期忽视欧洲。摆脱在欧洲以外地区的矛盾纠葛,将更多的注意力和资源投入欧洲大陆竞争,不仅体现了英国的意愿,同时也是法俄的需要。尽管英国与法俄的动机并不一致,英国的目标是恢复欧洲体系的均衡,对于法俄,则事关自身在欧洲的地位、安全乃至生存。

欧洲均势失衡为英国战略调整提供了动力,它同时也是英国战略调整成功的重要前提。欧洲均势的败坏降低了英国大战略目标序列中同法俄海外竞争的重要性等级——问题依然存在,问题所处的环境背景发生了实质性变化,问题的性质随之改变,处理问题的策略也必须调整。在欧洲均势失衡的背景下,德国在欧洲对法俄造成的压力,为英国提供了在欧洲以外地区同法俄达成谅解无言的、额外的战略筹码。

鉴于德国构成了对欧洲均势的主要威胁,通过与法俄的谅解,原本在欧洲以外地区的英国同法俄的竞争被转换成了英法俄在欧洲同德国的竞争:和平时期,在一个由英法俄德等大国组成的均势体系中约束并影响德国的行为,包括调控德国的安全环境、安全战略和军备构成,并以此为基础构建相对稳定的英德关系;战时,则通过主要由法俄承担的大陆战争粉碎德国的挑战。[①]

德国对英国霸权和欧洲均势的双重挑战为英国战略转型提

---

① 比洛首相在 1908 年 8 月的一封信中指出:“我们不能够同时拥有最大的陆军和最大的海军。我们不能削弱陆军。因为我们的命运将最终在陆上决定。”

供了理由、动力和有利的环境条件。英国对欧洲格局的改造之所以能够在如此之短的时段内顺利完成,来自德国的“配合”显然是一个不可或缺的因素。

三 德国的反应

统一后的德国,经济实力和军事实力发生了突飞猛进的增长。作为欧洲大国的后起之秀,德国甚不适应新近取得的国际地位。俾斯麦之后的德国决策当局在理解和判断国际环境以及德国行为的意义时,出现了严重的认知障碍。德国与英国日渐缩小的实力差距给德英关系造成的流动性,使得德国人始终无法稳定地定义自己的世界地位。德国的国际“身份危机”表明,德国的对外政策已陷入战略迷茫期。既然难以在一个始终处于变动状态的国际力量格局中合理界定德国的国家目标,那么德国自身经济军事实力的扩张,就成了保障德国国家安全,提升德国国际地位唯一值得信赖的手段。换句话说,如果不能取得在欧洲的绝对安全和不受挑战的支配地位,德国就不可能有安全感。这,或许就是世纪之交的德国对英国政策的心理基础。

从外交新路线到世界政策,德国外交的一个核心主题,是争取英国对德国将要取得或试图取得的国际地位的承认。可见,德国高度重视并且尊重英国的实力和霸权地位,而且德国决策当局并不认为取代英国霸权是一项现实的政策选择,恰恰相反,德国需要英国继续保持其霸权地位。惟其如此,英国对德国的“承认”

方才是有价值的。

德国行为的一个矛盾之处：如果不能通过友谊与合作得到英国的承认，那就只能以实力地位逼迫英国就范。这在相当程度上取决于英国与法俄在世界其他地方的竞争乃至对抗，取决于英国的孤立处境。德国即便不是有意促成，至少是希望看到英国陷入外交困境，并且德国原则上不会采取以帮助英国摆脱困境的方式来争取英国的友谊。因为只有英国陷入了难以摆脱的困境，来自德国的善意方才是可贵的，德国对英国施加的压力也才有可能奏效。

德国行为的第二个矛盾之处：要逼迫英国就范，德国必须具备足够的实力，包括威胁和伤害英国根本利益的能力。然而，对于德国崛起可能超出英国容忍的限度，从而引发英国的嫉恨乃至敌意的未来，德国则深感恐惧。

德国行为的第三个矛盾之处：德国尽管极其渴望获得英国的承认，却始终对英国是否真正抱有善意存有疑虑。德国怀疑英国的真实目的是让自己为英国的利益火中取栗，更担心同英国合作后丧失政策独立性。

德国人显然不清楚自己真正需要什么，也不大明白自己能够得到什么，更不清楚德国的行为对于英国乃至欧洲格局究竟意味着什么。但德国人至少相信，时间站在德国一边。无论是外交新路线，还是世界政策，德国人始终坚信，英国同法俄的矛盾具有不可调和的性质。德国首相比洛就认为：英国同法国矛盾甚深，难以妥协。更重要的是，英俄矛盾持续时间之久，对立程度之深，涉及领域之广泛，冲突利益之重大，致使英俄关系不可能发生实质性变化。鉴于英法妥协将损害法俄同盟这一法国欧洲战略的基石，因而不符合法国利益。当 1904 年 4 月《英法协约》公布之时，德国政府震惊之余力图挽回外交颓势。

比洛仍然相信，《英法协约》同法俄同盟相互抵触，英法在摩洛哥问题上的合作是不牢靠的。这就为德国伺机分化英法提供了机会。鉴于日俄战争爆发后俄国力量深陷远东，法俄同盟被严重削弱，法国在欧洲大陆处于孤立无援的境地，1905 年 3 月，德国蓄意挑起了摩洛哥危机。德国的动机尽管颇为混乱和模糊，但总体而言，德国试图通过危机向其他国家表明，世界上的重大问题离开了德国的参与和首肯就不可能得到妥善解决。仅仅与英国达成谅解，是不够的，德国将英国霸权威望作为直接的打击对象。这充分表明了德国对英国主导下正在发生的欧洲力量重组的焦虑和不安。

德国试图破坏《英法协约》，挣脱欧洲体系对德国束缚的努力产生了适得其反的效果，此行为帮助英国澄清了主要对手，强化了英国巩固并深化同法国的合作与政策协调的意愿，为英法联合抑制德国提供了外部动力。

1905 年摩洛哥危机可以被视为英德关系的一个转折点。德国将英国准备应对的抽象事态——欧洲体系失衡——具体化了。面对国际环境逆转总想做点什么来改善战略处境的德国人自己，把英国针对欧洲的战略再平衡变成了针对德国的战略大包围。

此前，英国在主观上努力重建欧洲均势，而客观上，欧洲均势的恢复，势必要制约德国，削弱德国操控欧洲事务的能力。此后，英国越来越明确地将抑制德国作为恢复欧洲均势的前提条件。德国挣脱欧洲均势体系约束的意愿越强烈，行动越激烈，对德国的束缚就越紧。因为让英国感到害怕的，同样也能让法俄害怕。

1900 年以前德国在欧洲享有的优势地位，在相当程度上是由 19 世纪七八十年代以来英法俄海外竞争所提供的。一旦英法俄势力重返欧洲，无论德国实施什么样的政策，德国在欧洲的地位和影响力的回落都不可避免。德国决策当局没有意识到，在国际事务中，有些问题并没有直接的解决之道。如果条件不具备，时机不成熟而试图强行解决这些问题，不但无助于问题的解决，甚至还会造成新的、更严重的问题。在当时条件下，德国唯一合理的政策姿态，就是有条件地接受现实，面对不利局面保持镇静、耐心和审慎，控制损害，静观时变。在接受欧洲体系向更为均衡的方向回归这一现实的基础上，处理好与英法俄的关系，而不是急于打破欧洲体系对德国的制衡。德国权势的基础，毕竟是德国自身在人口、资源、经济技术和社会组织方面的禀赋优势。这些，显然是无法从外部强行剥夺的。外交政策的功能其实是相当有限的。

表面上看，欧洲均势体系束缚了德国。事实上，1870 年以来德国权势的扩张，以及它在欧洲事务中的主导地位，恰恰是以欧洲大致保持均衡为必要前提的。一段时间内，英法俄之所以"忽视"欧洲，恰恰是以德国统一尚不至于破坏欧洲实际存在的大国均衡为基础，以俾斯麦利用德国的权势优势扮演欧洲均势的维护者而不是致力于打破欧洲均势对德国的束缚为条件。至少在英国看来，主导，可以，但要看为了什么而主导，如何主导的；但是，支配，不行。对此，时任英国外交大臣的格雷的评价是：英国“从来就不是在理论上反对某个强大集团在欧洲的主导地位，只要这个集团致力于欧洲的稳定与和平。支持这样一个联合，历来是英国的首选。当且仅当这个主导性的强国变得富于侵略性，并威胁到英国切身利益时，英国哪怕是出于自卫本能，而不是深思熟虑的政策，也将被吸引到那个所谓的均势中去”。

无论英国还是法俄，都不大可能无视欧洲体系长期、严重失衡的后果。一旦德国的权势上升至危及欧洲均衡，或德国的政策被理解为蓄意打破欧洲均势对德国的束缚时，德国权势的扩张就达到了极限。至此，德国试图突破这一限度的行为往往会产生适得其反的后果——促成欧洲主要大国在抑制和对抗德国基础之上的联合。

结语

霸权国家的定义性特征就是超出其他大国的调控全球权力格局的能力。因此，仅仅从（可逆的甚至是一过性的）双边力量对比的变化判断霸权国家的实力地位是相当短视的。必须将双边力量的对比变化置于全球战略格局的演变中来理解和解释问题。

英国与其他大国广泛的海外利益纠葛，赋予了英国与其竞争对手做交易的重要筹码。英国霸权国家的身份，意味着争取英国的认可是其他国家确保本国利益安全与合法性的重要手段。面对不可挽回的霸权颓势,英国利用霸权国家的权势优势,在全球和欧洲两个层面调控大国权力分布,完成了对欧洲均势体系的再塑造,相当程度上弥补了自己在竞争中的资源劣势,取得了主动地位。

维也纳会议以来(乃至在此之前)英国成功扮演调控者的秘诀在于,每当面临大陆霸权觊觎者的挑战时,英国都能够相当自如地将英国与霸权觊觎者的竞争转化为霸权觊觎者同欧洲大陆体系的竞争。这就对英国权势在量与质两个方面有较为严格的限定。

首先,所谓大陆均势,其主要标志并不仅仅体现于大陆大国间的实力对比,更体现于英国同大陆大国间的实力对比有较大盈余。调控者不是用来保持大陆体系均衡的,而是无论大陆体系内部的权势状况(即便存在较为严重的失衡),英国一旦将自己无与伦比的经济实力与海上实力同大陆强国的陆上实力相结合,由此产生的资源优化组合效应,足以形成压倒性优势。拿破仑战争的经验表明,只要英国在,挑战者即便暂时取得了大陆战争的胜利,也是没有意义的——英国不会允许大陆战争有赢家。其次,英国并未完全卷入大陆事务,对大陆事务能够保持相当程度的超脱态度——英国在大陆没有领土利益,也没有能力实现这种利益。英国最为珍视的大陆利益是均势体系的稳定,即便在霸权的巅峰期,依靠自身实力,英国也从未独自主宰过大陆事务。英国能否有效地影响大陆事态,取决于是否能够从大陆体系内部获得强有力的同盟者，说服它们理解并支持英国的政策，否则英国只能望洋兴叹，而难以有所作为。[①]

英国行为的不确定性其实是英国扮演大陆均势调控者角色的重要的心理基础。只有在英国是自由的（英国的结盟对象事先是不确定的）这个前提下，英国才有可能对俄法及德国的行为施加约束性影响——调控大陆体系。这就是帕麦斯顿那句"英国没有永恒的朋友，也没有永恒的敌人，只有永恒的利益"的真谛。

1900年间，或是英国与法俄谅解，或是英德结盟，或是德法俄构建针对英国的大陆国家联盟，这其实是均势战略的绝唱。1907年后，英国与法俄的关系被固化了，英国与德国的关系也被固化了。固化的代价是英国对俄法德影响力和调控能力的大幅度下降，英国从一个大陆体系的外部调控者（holder of the balance）蜕变成为其体系的正式成员（a major participant in the balance itself）。欧洲均势蜕化成为两大政治军事集团的武装对峙。

导致英国角色畸变的根本原因是，1890年之后，特别是1900年之后，统一后的德国通过国内技术创新和组织创新异军突起，以及威廉二世德国推行的以谋求世界一流海上强国地位为标志的世界政策。[②] 英国与法俄联合的目的已经不再是造就针对德国

---

① 鉴于德国在欧洲大陆已经取得的相对于法俄的优势，对于英国，一种极为糟糕局面就是，法俄因无法指望得到英国及时、有效的支持，有可能在短期内被迫选择追随而不是制衡德国的政治路线。

② 真正令英国和法俄感到恐惧乃至难以容忍的，不仅仅是德国在欧洲大陆的权势优势，毕竟，俾斯麦领导下的德国曾经长期主导过大陆事务，更是因为德国的海军扩张对英国的海上霸权和"欧洲大陆体系的开放性"构成了双重挑战——德国海上实力的增强意味着英国干预大陆事务的意志与能力的削弱。在英法俄看来，德国正在致力于事实上封闭大陆体系的政策。

的优势,而仅仅是达成同德国的平衡。大陆体系内部发生的革命性变化,改变了英国同大陆体系的关系,也改造了欧洲国际关系体系中英国角色的基本属性。英国已经不能够再像从前那样,利用大陆体系内在的不稳定性,使大陆国家承担制衡霸权挑战者的大部分负担,自己则仅仅起支援性的作用,同时掠取并壮大自己的海外资产。更为重要的是,英国还必须承担起前所未有的大陆义务,包括及早做好以相当规模的远征军投入大陆战争的经济和军事准备。这是英国在欧洲扮演的均势调控者角色的历史性终结,预示着传统的欧洲国际体系来到了剧变的前夜。

1890—1900年的美国：超大国家的崛起与扩张

徐弃郁①

1890—1900年是美国作为一个世界性大国崛起的关键阶段。这在时间上存在一些巧合：1890年美国人口普查局宣布一个世纪以来一直为美国人提供无限机遇的西部边疆已经关闭，再也没有大片的未开发土地供人们拓殖，由此引发普遍的社会心理危机；1900年则是美国政府发出第二次"门户开放"照会，此时海外扩张已经全面展开，美西战争也胜利结束，一个美式帝国已经完全成型。

从历史中寻找启示与历史研究是两回事。对美国这样比较特殊的国家，要从其历史中寻求某种有普遍性的，甚至是有借鉴意义的东西则尤其要求研究者态度谨慎。托克维尔就曾提醒道：

---

① 作者就职于国防大学战略研究所，国际政治学博士，曾出版专著《脆弱的崛起：大战略与德意志帝国的命运》，新华出版社，2011年；《帝国定型》，广西师范大学出版社，2014年。

“美国人的际遇完全是一个例外，我相信今后不会再有一个民主的民族能逢这样的际遇。”[①]不过，如果从历史哲学的角度来审视美国1890—1900年的经历，那么其特殊性就不是在于美国具体的地理、经济和文化条件，而在于这是一个极为少见的超大国家崛起和扩张的案例。这里所谓超大国家（Superstate）的概念是相对于近代历史上英、法、德等传统欧洲列强而言的，其基本含义就是在幅员规模上成倍于一般意义的中等强国。正是由于其规模，这类国家崛起和扩张对外界产生的影响极大，可能引发的反弹也极大，此其一；其二，国内进程有可能在相当程度上影响到国际进程，换言之，这类国家拥有通过改变自己而改变世界的潜能；其三，与既有国际制度的相容程度是此类国家崛起过程中的关键变量。从这些要点出发总结1890—1900年美国的崛起与扩张，也许能够得出一些具有相对规律性的东西。

一　扩张的内化

德国19世纪最为著名的历史学家兰克（Leopold von Ranke）曾提出“对外政策优先”（Primat der Aussenpolitik）的概念，认为成功的对外政策可以使一个国家独立于其他国家的干预，发展和完善自己的民族特性和宪法体系等，因而对国家来说处于首要地

---

① ［法］托克维尔：《论美国的民主》，董果良译，下册，商务印书馆，1996年，第554页。

位。[①] 无论其他国家的情况是否符合这种假设,对 19 世纪末的美国来说该理论显然不太适用,甚至可以说是恰恰相反的。

对于美国这样一个拥有广袤内陆且经济上可以自给自足的超大国家来说,内部因素往往比外部力量更能影响国家的对外行为。从 1890—1900 年美国的崛起与扩张来看,其中起关键作用的就一直是国内的社会和政治进程,而不是某种外部的刺激或是对外政策本身的突然转向。实际上,从美国思想界探讨如何摆脱“边疆关闭”带来的危机和问题,到政府、商界和思想界基本形成推动海外贸易扩张的共识,这一重要步骤完全是在国内政治进程中完成的。在 1890—1900 年海外扩张中,这种国内共识起到了定调子和定方向的功能,为具体的扩张行动提供了关键性的认知基础,促进政府在关税、外交、军事等各领域的政策协调。当政府的一些做法出现“偏离”时,这种共识也成为反对派的主要依据,发挥重要的“纠偏”作用。这一点最明显的表现就是美国吞并整个菲律宾群岛后,在国内引发强烈反弹并形成了“帝国主义派”和“反帝国主义派”的大争论,而后者的主要论点基本都来自 90 年代初期美国国内对海外扩张途径的共同认识。另外,美国这十年的海外扩张并不是一种政府行为,而是整个社会在直接或间接地涉足扩张,其中商人和传教士是在拉美、东亚和夏威夷扩张的真正主力,政府不过是及时适应这种情况并提供支持。从整个海外扩张过程来看,美国社会实际上是通过不断的自我动员来促使自

---

① Friedrich Meinecke, *Zur Theorie und Philosophie der Geschichte*(《历史理论与历史哲学》),Stuttgart : K. F. Koehler Verlag, 1959, pp. 258—259。

己“向外看”，从而使整个国家的机构设置、政策制定和社会理念等方面越来越适应海外扩张的需要。简短地说，美国就是将海外扩张的行为“内化”到国内政治进程和社会生活中，通过改变自身来改变对外行为的方式。

这种“内化”还体现在，国内政治往往是左右外部扩张进展的主导性因素。1890—1900年间，美国海外贸易扩张一直颇为顺利，但在涉及兼并少量海外领土的“要点式扩张”中，起迟滞作用的往往不是外部力量，而是国内的反对。以夏威夷为例，1893年夏威夷政变后，美国兼并该群岛的两次努力都由于国会反对力量的阻止而失败，直到美西战争后才获得成功。从这一角度来看，美西战争对美国扩张的最大贡献并不在于从西班牙手中夺得一些领土，而是在国内形成了一种对海外扩张极为有利的氛围。在这种普遍情绪的推动下，美国国会中主张扩张的激进派得以压倒反对派，如愿以偿地吞并夏威夷、关岛等对美国在太平洋地区的战略存在至关重要的“要点”。相形之下，战后美国之所以未能正式吞并古巴，其重要障碍就是来自宣战前美国国会通过的“泰勒修正案”。从1890—1900年的整个时期来看，除萨摩亚群岛以外(英国与德国是主要因素)，其他所有海外领土的兼并均取决于美国国内的政治进程。也正因如此，对西奥多·罗斯福(Theodore Roosevelt)、亨利·卡伯特·洛奇(Henry Cabot Lodge)等热衷于海外扩张的人来说，其主要精力或主要工作就是如何说服国内，而不是去制定某项对外扩张政策。

即使是在诸如海军等与扩张相关的领域，国内进程也起到了很大作用。1890—1900 年是美国海军实力迅速发展的时期,也是美国从一个大陆国家向海洋国家转型的时期。这一过程并不是因为受到某种外部的威胁或者挑战,而是来源于国家整体实力发展带来的一种自然需求,是利益驱动和理论牵引(主要是马汉的海权理论)的综合过程。比较有意思的是,这一阶段影响美国海军发展最关键的因素并不是经费,也不是技术,而是理念问题。在这十年的前半期,美国这方面还是一种典型的大陆国家理念,即将海军看成陆地防御向海洋方向的延伸,激进一点还强调划分海上"势力范围",比如曾任众议院"海军事务委员会"主席的塔尔博特(J. Fred Talbott)就声称"美国舰队应该主宰大西洋西部和太平洋东部"①。到这十年的后半期,这种典型大陆国家的论调明显减少,取而代之的是一种"由海看陆"的海洋型国家视角:海军的作用是控制海洋这一"人们借以通向四面八方的大道",使货物、人和国家的影响力到达世界各地,而占有"战略要点"则是为海军的这种"自由进入"提供必要支撑。换言之,并不是海洋为陆地提供保障,而是陆地为海洋提供保障。这种思维模式甚至为美国陆军所接受,曾任美国陆军部长的约翰·修菲尔德(John Schofield)在 1897 年时就指出,对美国这样的国家来说"海军是国家武装力量的进攻之臂",而"为了这一目的,我们必须拥有完全的行动自由……这样就提出了陆地防御最重要的功能:为这一进攻之臂提供安全的行动基地……征服并永久性地占领外国不是这个

① Walter LaFeber, *The New Empire: An Interpretation of American Expansion 1860—1898*, Ithaca, N. Y.: Cornell University Press, 1963, p. 236.

国家的政策”。[①]

1895年左右,美国海军建设的思路逐步摆脱传统的影响,开始将海军作为“自由到达”“全球到达”的工具,而不是将其作为大陆军事体系向海洋方向的延伸。这一理念的变化在很大程度上是马汉等人思想传播的结果,决定了此后美国海军的发展方向,并进一步强化了贸易扩张和“要点式扩张”的海外扩张模式。同样,美国关税调整也主要是一种国内政治斗争的产物,当时以民主党人为主的低关税派和以共和党人为主的保护关税派(互惠贸易派)相互较量,先后推出了《麦金莱法案》《威尔逊－戈尔曼法案》和《丁利法案》三大关税法案,对这一时期美国的海外扩张产生了重大影响,其中就包括在夏威夷、古巴引发的叛乱与革命。

对于由海外扩张产生的各种压力,美国的多数反应也并非直接来自政府。从1890—1900年的情况来看,这些外部压力和刺激往往通过某种机理首先作用于国内政治进程,然后才在政府的政策中得到体现。比如吞并菲律宾以后,由于美军与菲律宾起义军开战并引发一场残酷而持久的战争,各种消息传到美国国内后首先使社会舆论意识到了兼并的代价,自由派人士则对美军的一些暴行表示震惊,这种传导作用沿着社会－国会－政府的路径发挥影响,迫使麦金莱等主要政府决策人改变立场,明确放弃了再度兼并海外领土的意图,将海外扩张的重点重新放到贸易和影响力扩张上。在中国的情况也有点类似,1897年德、俄等国强占中

① George W. Bear, *One Hundred Years of Sea Power: The U.S. Navy, 1890－1990*, Stanford, CA: Stanford University Press, 1993, p.20.

国胶州湾和旅顺口后，驻华公使田贝（Charles Denby）向美国政府提出警报，与此同时，在华有重大商业利益的棉花生产商和纽约、费城等地的商会也行动起来，纷纷通过决议并向政府和国会请愿，从而使这种外部的刺激与压力迅速地得到传递，迫使政府尽快采取应对措施。[①] 可以说，在每一次重大事件前后，美国各界（尤其是商界和宗教界）都会以决议、公开文章或请愿等方式向政府施加压力和影响，而国会则借此推动一些提案，要求政府行动。这几乎成为美国应对外部刺激的一个标准程序。

但这就牵涉到另一个重大问题：如何处理各利益集团之间的分歧？一般而言，海外扩张是一个权力与财富快速增长的过程，同时也是一个重新分配的过程。如果像美国那样选择依托海洋和贸易的扩张方式，那么其中还涉及权力与财富的迅速分散化，这对任何形式的直接控制都是一个极大的甚至是颠覆性的挑战。历史上像俄罗斯这样的传统帝国更愿意致力于领土扩张而不是海洋扩张，其中既有生产力水平、文化传统等方面的原因，又存在着一个制度匹配问题。就美国的情况来看，相对成熟的代议制度在这方面显示出较大优势，可以将分散化的甚至是相互冲突的利益诉求纳入到统一的国内政治程序，实现比较有效的协调和妥协。这样，美国就很好地避免了一战前德意志帝国那种“卡特尔化”（Cartelization）现象，即各大利益集团处于势均力敌的状态，

① Thomas J. McCormick, *China Market: America's Quest for Informal Empire* 1893—1901, Chicago: Quadrangle Books, 1967, pp. 89—96.

结果迫使政府同时追求不同的利益和战略目标。① 在成熟的代议制基础上,美国国内政治结构于 1890—1900 年间的变化也对海外扩张非常重要。政府与国会的权力天平逐步向政府方向倾斜,这与两大部门的权力斗争有关,同时也是美国文官制度改革的必然结果。正如马克斯·韦伯所观察到的那样,文官制度改革不仅是增加专业化行政官员的数量,同时也进一步强化了政府的权力。② 随着政府的专业化,政府与国会的关系越来越像企业中的董事会和总经理:公司业务的专业程度越高,董事会在具体问题上的发言权就越少,决策权就越是集中到总经理手中。可以说,如果没有这种政府的专业化和权力集中,美国将难以应对由海外扩张带来的迅速膨胀的各类事务,更不可能制定并执行有效统筹全局的政策。所以,美国 1890—1900 年的海外扩张尽管以自身改变为基础,是一种扩张内化的过程,但这种改变也是有条件的,与美国自身的社会结构和政治制度有很大关系。

二 扩张的"成本敏感度"

收益－成本曲线同样可以描述一个国家的崛起与扩张。其中,成本一项不仅是国家为扩大实力与权力而进行的广义投入,也包括由此引发的其他国家的反弹。与一般意义上的强国相比,

---

① Jack Snyder, *Myths of Empire*: *Domestic Politics and International Ambition*, Ithaca: Cornell University Press, 1991, pp. 43－46.

② [德]马克斯·韦伯:《经济与社会》,林荣远译,商务印书馆,1998 年,第 754、776 页。

超大国家的规模决定了其崛起与扩张更容易引发其他国家的疑惧，相关成本更大，也更难控制。这客观上就要求超大国家对扩张成本更为敏感，以便及时进行政策调整，消除或控制相关成本，从而更有效地发挥其在经济、政治和安全上的规模效应。1890—1900 年的美国就是这样一个对扩张成本高度敏感的超大国家。

这种敏感度首先体现在扩张途径的选择上。美国在 1890—1900 年海外扩张的主要形式是贸易扩张，而不是像欧洲列强那样抢占更多的海外殖民地。其主要考虑就是后者的成本太高：在政治上，加入众多其他种族和文化背景的群体可能破坏美国开国元勋们精心构筑的民主制度；在经济上，殖民地的管理需要大量的财政投入，也会牵扯大量行政资源；在安全上，大片的殖民地必须由军队提供保卫，而且容易引发与其他国家的摩擦。而美国所追求的市场、原材料等商业利益完全可以在不承担这些成本的情况下获得。所以，美国对海外领土总体上抱着一种非常实用主义的态度，只要美国商人、商品可以在机会均等的条件下自由进入就行，有点类似于“不求所有，但求所用”。

这样建立起来的帝国就是一种非常低成本的模式。首先，从基本形态上看，“美式帝国”与历史上荷兰、英国这两个海洋型帝国有较多共同点，比如其基础是主导性经济技术领域的领先地位，而不是单纯的经济规模和军事优势，并且这种领先地位是在一种开放的体系中实现和维持的。其次，与荷兰和大英帝国一样，美国作为一个帝国的扩张与维系在很大程度上也高度依赖制度性安排，以此来节约帝国的成本并有效发挥自身优势。再次，美式帝国同样离不开对海洋的控制，正是太平洋上夏威夷群岛、威克岛、关岛、萨摩亚群岛等“战略要点”的获得和美国海军的发展，才形成了支撑整个帝国的“骨架”，美国也才有资格在列强争衡的世界上占有一席之地。但是，与以往海洋型帝国不同的是，美国更加彻底地摆脱了对领土扩张的依赖。英国在历史上也曾反对过多占有海外领土，到1815年拿破仑战争结束时还将自己的帝国看成一个由港口、岛屿和沿海地区构成的集合体，海军和商船则是将各部分汇集在一起的纽带。从1800年到1900年，大英帝国的陆地面积足足增加了7倍，统治的人口增加了20倍，成为一个拥有广大殖民地的、陆地化的帝国，从而使英帝国陷入了历史上帝国“过度扩张”的陷阱，也加速了帝国的衰落。[①] 而1900年的美国却严格地对攫取海外领土进行自我限制，就在当年的总统大选中，一度大力推动兼并海外领土的麦金莱和西奥多·罗斯福都公开承诺不再进一步攫取海外领土，强调美国虽将继续致力于海外扩张，但只是贸易和影响力的扩张。[②] 同时美国对美西战争后的海外领土兼并也改变了看法，更多地将其作为贸易扩张的一部分：“最近获得的领土只是我们未来贸易的前哨站，它们的重要性主要并不在于自身的资源和能力，而是在于它们作为发展与

---

① T. O. Lloyd, *The British Empire 1558－1983*, Nèw York: Oxford University Press, 1984, p. 138.

② Ernest R. May, *American Imperialism: A Speculative Essay*, New York: Atheneum, 1968, pp. 216－218.

远东贸易交往门户的无可争议的价值。"[①]在这种情况下,美国作为一个帝国主要不是以有形的土地而是以无形的贸易或者影响力作为疆域,其成本被限制到了最低。

在政策层面也是如此。19 世纪欧洲列强的外交文件中经常提及"威望"(Prestige)一词,而且"威望"和"利益"一样,都属于国家政策应追求的重大目标,也是引发一些战争的重要原因。相形之下,美国的外交文件却很少提到这个词,实践中更不可能为某种抽象的"国家威望"而努力。从 1890—1900 年美国的外交经历来看,美国政府的所作所为基本上都围绕着实际利益而进行的,更确切地说是直接为增加财富服务。这一点在与当时欧洲国家的横向比较中非常突出,历史学家罗森伯格干脆用"推销型国家"(Promotional State)来形容美国。[②] 这种看上去有点极端的做法为美国带来了两个明显的好处,一是避免了国家力量的无谓消耗,二是避免陷入不必要的争端。如果体现在成本一收益这个算式上,那么就是成本这一项明显少于欧洲列强,而收益一项则是在持续地增加。这种此消彼长形成的累积效应进一步加速了美国作为世界性大国的崛起。美国对扩张的"成本敏感度"还体现在一些更加具体的层面上。比如在海上力量的建设上,马汉一开始所设想的美国海上力量是由海军、海外基地和商船队三个部分

① Thomas J. McCormick, "Insular Imperialism and the Open Door: The China Market and the Spanish－American War", Pacific Historical Review, vol. 32, no. 2, (May, 1963), p. 161.

② Emily Rosenberg, *Spreading the American Dream: American Economic and Cultural Expansion*, 1890－1945, New York: Straus & Giroux,, 1982, p. 49.

组成。在1890年《海权对历史的影响》一书中，他曾将建设一支强大的商船队伍放在十分重要的位置："只有从和平时期的商业和航运中才能够自然而健康地成长出一支海军舰队，以此为基础一支海军舰队才可以安全存在。"①但事实上美国在商船建设上的投入非常有限，在1850年美国商船还承运了70%的对外贸易，到1897年时就只承运了进口贸易的15%，出口贸易的8.1%，对外贸易运输绝大部分由外国商船承担。② 美国人认为，由自己建造并保持一支庞大的商船队伍成本过高，完全可以租用其他国家的商船运输，而将省下来的资本投入回报高得多的工业生产领域和海军建设，从而更有效地实现对海洋的控制。马汉后来重新修正了自己的理论。这也从一个侧面反映出美国在扩张过程中的成本控制倾向。

"成本敏感度"还体现在美国对其他列强的谨慎态度上。表面上看，美国1890—1900年的海外扩张是一场高歌猛进的胜利进军，其他列强基本无力阻挡，1895年克利夫兰总统在委内瑞拉危机中的强硬咨文和1898年的美西战争更是强化了这种印象。在国会讲演、公开文章中，美国的政客们也喜欢使用一些高调的甚至是非常刺激性的语言，对欧洲列强特别是英国显示强硬立场。但在这种"豪迈"背后，则是精细的利益判断和灵活务实的立场。美国在1890—1900年期间，对欧洲列强特别是英、俄、德这

---

① A. T. Mahan, *The Influence of Sea Power upon History* 1660—1783, London: Sampson Low, Marston & Company, 1899, p. 28.

② Walter LaFeber, *The New Empire*: *An Interpretation of American Expansion* 1860—1898, Ithaca, New York: Cornell University Press, 1963, p. 19.

三个实力最强的国家还是比较谨慎的。在拉美和加勒比地区，美国一方面对英、德的活动高度关注并不时发出警告，另一方面又小心地控制局势，尽量避免因此与这两个国家发生直接对抗，尤其避免出现武力对峙。即使在英美直接对抗的委内瑞拉边界危机中，美国也有意无意地将对抗限制在外交领域，双方总体上进行了一场“文斗”。而且，这场危机也充分反映出，美国的政界和整个国内社会表面上对英强硬，实际却将与英国的冲突看得很严重，避免两国开战不仅是政府的底线，也是社会心理的底线。危机在 1895 年底的戏剧性转折，在很大程度上就体现出美国这种谨慎务实的真实立场。值得注意的是，美国政坛高调反英的主将们，如参议员洛奇、国务卿奥尔尼和西奥多·罗斯福等人在很多问题上又是英美联合的支持者，这也说明，美国对英国的强硬是有条件的，也是慎重的。

在东亚和中国，美国对列强的这种谨慎态度就更加明显。美国虽然在总体立场上与英国更加接近，但仍小心地避免在英俄之间“选边”。其两次“门户开放”照会（尤其是第一次照会）实质上是一次小心翼翼的大国协调行动，是精心利用列强间的势力均衡而走的一条中间路线。美国虽然清楚，俄国对“门户开放”政策的威胁最大，但努力避免成为俄在华扩张的障碍。在第一次照会期间，美国对俄国“不完整”的答复也故意表示满意，而在第二次照会后，美国又奉行一种“胆小的机会主义”（国务卿海约翰用语），即尽力不在列强冲突中“选边”，其中的核心内容就是不得罪俄国。当英日与俄就向中国增兵一事关系紧张时，美国极力避免表态，甚至以“没有看到俄国照会的正式文本”[1]为由进行推脱，最终成功保持了与各大国的协调。

总体上看，美国在1890—1900年期间的海外扩张中，较高的成本敏感度和良好的成本控制是非常突出的特点，也是美国的崛起没有遭遇安全困境的一个重要原因。这应该有一定的普遍意义和借鉴意义。

三 战略取向

和其他大国崛起一样，超大国家的崛起与扩张是一个与外界不断互动的过程，其中与既有国际制度之间的互动最为关键。如果这两者之间总体是一种相容状态，即超大国家接受既有国际制度，那么其规模和影响力将对后者产生强大的支撑，而其崛起所带来的权力和利益结构的变化也会遵循某种共同的预期来进行，制度化安排将限制甚至吸收由此造成的动荡和冲击。反之，如果两者相容程度较差，超大国家的利益诉求基本不能在既有制度安排内得到实现，那么它崛起与扩张的最终方向必然要求改变甚至推翻后者，其巨大的规模与势能则使其成为后者最致命的挑战。在这种情况下，超大国家往往会面临强大的外部反弹和压力，不得不选择一种“强行突围”甚至是全面对抗的方式来实现崛起。苏联是这方面的典型例子。

---

① Thomas J. McCormick, *China Market: America's Quest for Informal Empire* 1893—1901, Chicago: Quadrangle Books, 1967, p. 175.

因此,对超大国家而言,战略取向的首要问题就是与既有国际制度的关系,或者说是制度取向。1890—1900 年美国的海外扩张就体现了一种与既有国际制度完全相容的战略取向。在 19 世纪后半期,国际制度是以英国的贸易和政治理念为核心,强调为世界范围内商品和资本的自由出入提供支撑,属于一种自由主义的、比较开放式的制度体系。美国在这一阶段的扩张则同样强调商品的自由出入,其海外势力范围总体上是一种开放体系而非排他性的封闭体系,这些在两次“门户开放”照会中都得到了较好体现。当然,其中也存在一些“伪善”成分。比如美国在攫取菲律宾后,马上强调将在菲律宾实行各国“机会均等”的“门户开放”,然而到 1909 年美国的关税法案却完全抛弃了这一承诺,对其他国家在菲贸易实行歧视性政策。① 但整体上看,美国的海外扩张还是坚持了这一自由主义的开放体系原则,与当时的国际制度是相吻合的。这与一些欧洲大陆国家,特别是法国的殖民扩张形成了鲜明的对比,后者的殖民地均用歧视性关税保护起来,形成一个封闭的殖民帝国。

这种制度取向的相容性还体现在美国自身的制度偏好上。可能是因为承袭了英国的政治文化传统,美国在海外扩张过程中也十分注重运用制度设计和制度化安排来争取并巩固自身的权力和利益。即使在对拉美这一“后院”的争夺中,美国在 1890—1900 年期间也较少使用直接的武力干涉或建立直接控制式的霸

① William Smith Culbertson, “The ‘Open Door’ and Colonial Policy”, The American Economic Review, vol. 9, no. 1 (Mar., 1919), pp. 333—334.

权，而是更偏好于确立某种地区性的制度安排来实现并巩固自己在西半球的主导地位。国务卿布莱恩所力推的“泛美体系”就是其中一个典型例子。美国这种还处于萌芽状态的“制度性霸权”与英国式的霸权有着直接的渊源关系，在思想根源上相同，在具体内容上相近，在价值取向和利益取向上也一致，从而使美国的崛起与扩张总体上成为当时国际制度体系的一个有利因素。

另外，美国的海外扩张属于一种内涵式的扩张，即立足于自身技术和生产能力的提升，然后再以此为基础推动商品贸易的大规模扩张和海外战略要地的占领。强大技术和生产优势在这一过程中始终居于一个逻辑起点的地位，是扩张的第一推动力。当时的国际制度自然容纳这种扩张，而且在某种程度上甚至是“奖励”的，因为这一整套国际规则就是由历史上占技术生产主导优势的国家所设计，有利于这类国家的利益和权力扩展。同时，美国这种内涵式的扩张道路与上述的开放式体系也有着内在联系。应该说，正是由于美国重点关注获得并巩固技术生产优势，其主要衡量标准就是竞争力位次、占有市场百分比等相对的、开放的标准，其权力地位也是在多个领域逐渐获得，而不是胜者通吃或任何形式的排他性占领。相对于那种类似“摊饼”的外延式扩张，这种内涵式扩张往往给竞争对手以反败为胜的希望（虽然通常是虚幻的），同时也为其留下了相对更多的生存空间，因此其他感受到“威胁”的国家往往缺乏联合进行反制的足够动机。这在某种程度上也可以看成超大国家扩张过程中制度相容性的一种体现。

再看一下地缘战略取向。这是美国 1890—1900 年海外扩张中一个非常重要的因素,但美国外交文件和政治家的私人信件基本上都没有谈及这一点,正如英国外交文件和政治家极少谈及“势力均衡”一样。从地缘上看,美国海外扩张的方向选择是非常清晰的,主要是向南和向西,其中前者指向拉美和加勒比海地区,后者指向太平洋和东亚。在这两个战略方向,英国和其他欧洲列强虽然也有利益存在,甚至有一些军事基地,但远非其核心利益区。美国选择这两个方向进行重点扩张,不仅有利于发挥其地缘优势,而且阻力较小,不易和欧洲列强特别是英国发生正面碰撞。尤其在太平洋方向,由于英国等列强的利益和力量都比较薄弱,因此美国涉及海外领土的“要点式扩张”主要集中在此,而且是以一种比较张扬的姿态来进行的,整个扩张进程基本上都按照国内政治的步骤来展开。相形之下,美国在大西洋方向则十分谨慎。除了努力将商品打入欧洲市场,美国力避给欧洲列强造成任何向这一方向扩张的印象,甚至对于非洲也是如此。事实上,到 19 世纪末,非洲是美国发展最快的两个海外市场之一(另一个是中国),但由于欧洲列强在此利益过重,美国商界和政府就有意无意地将其忽略,根本没有将其作为一个扩张的选项。① 这种态势差异同样体现在军事方面。1890—1900 年是美国海军发展的重要阶段,但在不同战略方向的部署和运用上则有很大区别。在太平洋地区,美国无疑将其作为一个可以放手进攻的方向,“几乎可以

① Charles S. Campbell, Jr., *Special Business Interests and the Open Door Policy*, Yale University Press, 1951, p. 11.

用上我们全部的舰队”[①]。但对于大西洋方向，美国的海军则始终保持一种防御态势，确保不挑战英国皇家海军在这一海域的控制权。这种类似于“西攻东守”的地缘战略取向虽然不见诸美国的政府档案，但在美国的政策实践中则体现得非常充分，是其顺利实现海外扩张而未引起多少反弹的一个重要原因。

以上三个方面是从一个超大国家崛起与扩张的角度来解读美国在1890—1900年这一关键阶段的政策与经历，进一步深入地分析可能对这短短十年有过度解读的风险。正如美国的“例外论”一直经久不衰一样，实际每个超大国家在一定程度上都可以说是一种例外，也希望被看成一种例外，但是像制度、成本和战略等反复出现的具有某种规律性的东西可能永远值得人们思考。

---

① Walter LaFeber, *The New Empire: An Interpretation of American Expansion 1860—1898*, Ithaca, N.Y.: Cornell University Press, 1963, p. 295.

名　作　译　介

洛克自然法思想的演进

陆建松①

自20世纪中叶洛克早期手稿公开出版以来，洛克研究就进入了一个全新的阶段。而《自然法论文》（以下简称《论文》）是这些手稿中篇幅最大的一份，我们多年来的研究也表明它是最重要的一种。迄今为止，这篇文献已经出版了两个英译本，它们都以拉丁文—英文对照的形式出版，附以长篇导论和详细注释，可以说都是非常严肃认真的研究版。但是说到具体结论，两者又针锋相对，一者主张洛克自然法源于传统的基督教自然法，一者主张洛克自然法其实是反传统的霍布斯主义；两派都试图进而确定洛克哲学的整体性质。②《论文》的重要性由此可见一斑。

《论文》确实有助于我们整体地理解洛克哲学，这不是基于文

---

① 作者就职于上海电机学院。

② 这两个版本分别为：*Essays on the Law of Nature*, edited by W. von Leyden, Oxford: Clarendon Press, 1954; *Questions Concerning the Law of Nature*, with an Introdution, Text, and Translation by Robert Horwitz, Jenny Strauss Clay, and Diskin Clay, Ithaca and London: Cornell University Press, 1990。

本的完善性，而是基于文本的原初性。《论文》处处显示出洛克的问题意识，每一篇的标题都以设问加上肯定或否定的回答构成：(1)“存在一种道德规则或自然法吗？是”；(2)“自然法能够通过自然之光被认知吗？是”；(3)“自然法是否刻写在人们心灵之中？否”；(4)“理性能够通过感觉经验获得自然法的知识吗？是”；(5)“自然法能够从人们普遍的同意中被认知吗？否”；(6)“人们受自然法约束吗？是”；(7)“自然法的约束力是永恒而普遍的吗？是”；(8)“每个人的自我利益是自然法的基础吗？否”。

显而易见，八篇论文中最引人注目的是关于自然法认知途径的讨论，总共四篇(第二至五篇)讨论了这一主题。在这四篇论文中，表面上，洛克否定了三条认知自然法的途径——刻写、传统和普遍同意，肯定了一条认知自然法的途径——自然之光，亦即理性和感觉；实际上，洛克讨论了四种知识——刻写的知识、传统的知识、感觉经验的知识和超自然的神圣的启示。[①] 为什么这样说呢？首先，传统和普遍同意这两种认知途径的基础都是风俗习惯，可以同样归属于传统的知识；其次，尽管洛克声称不讨论超自然的神圣启示，却又一再有意无意地回到这种知识。四种知识在洛克关于自然法的论述中占有各自不同的地位，它们相互之间又有比较复杂的关系。

质疑传统知识是洛克自然法的重要起点。《论文》不厌其烦地表明习俗与自然相互对立，[②]专门阐述这一主题的第五篇论文

① 参见本书第 121 页。洛克认为，这四种知识涵盖了知识的所有可能的基础。

② 参见本书第 124、125、138—146、152—153、158 页，等等。

在所有论文中篇幅最大。洛克指出,不同的历史时代存在不同的民族或国家,它们拥有不同的风俗习惯,往往相互冲突,无法调和。比如,关于正义问题,不同于现代法律,古代希腊人以劫掠为荣,荷马史诗就是描写希腊国家一起掠夺并战胜特洛伊及其周边地区的历史,古代罗马人更是通过战争和掠夺建立了横跨地中海的大帝国。又比如,关于妇女贞洁问题,有些国家认为未婚女子过放荡的生活是合法的,有些国家认为新娘在新婚之夜应该跟所有参加婚礼的男人性交,还有些国家认为新娘的初夜权应该献给君主或神父;在婚姻制度方面,有的国家实行群婚制,有的国家实行一夫多妻制,有的国家实行一夫一妻制。更令人难以理解的是,各个国家对待生命的态度也很不一样,现代欧洲人把生命的自我保存看得无比重要,但是有些国家却对老人充满敌视,杀死所有达到一定年龄的人,有些国家又对儿童漠不关心,抛弃身体孱弱的婴孩,还有些国家,比如印度,年轻的妻子在丈夫死后竟会主动殉葬。这些国家似乎没有将生命的保存和延续视为第一原则。洛克认为,上述所有习俗的差异最终可以归因于宗教的差异,比如,古希腊人和古罗马人信仰多神教,南美和南非的某些部族不信任何神灵。错误混乱的宗教思想导致上述种种不可理喻的社会风俗,只有基督教宣扬的上帝和灵魂不朽才是普遍道德法则(自然法)的前提和基础。

耐人寻味的是,洛克还留下了一个未完成的论文标题:“自然法能够通过传统被认知吗?否”。似乎可行的一种解释是,第五篇论文替代了这篇计划中的论文,充分展示了世界各地稀奇古怪的传统习俗,也就彻底否定了传统作为自然法认知途径的可能性。但是事情并不如此简单,如果仔细深究就会发现,洛克对传统的态度其实暧昧不明。首先,即便就各国传统习俗的普遍同意而言,洛克的态度也反复不定。跟第五篇论文相反,第一篇论文最初不仅承认"全人类时时处处的普遍同意",而且认为这是自然法存在的论据之一,只不过相关论述后来又被打上了"删除"符号。[①] 更加令人无所适从的是,《人类理解论》(以下简称《理解论》)又重新肯定了普遍同意"在很大程度上"跟自然法相互一致。(2.28.11)[②]其次,如果就自身所处的传统习俗而言,洛克的态度就显得更加微妙。一方面,"传统不是认知自然法的最初和确定的方式",因为传统依赖于人与人之间(特别是代际之间)的口耳相传,不像自然法那样直接感之于外、受之于心;另一方面,传统又教导"某些甚至几乎全部"的自然法,比如,敬爱神灵,服从上级,信守诺言,诚实仁厚,品性纯正,心胸开阔,以及所有其他美德。这些往往都由父母和老师教育而成,而教育的基础恰恰是传统的道德习俗。[③] 洛克显然非常重视传统教育的作用,后来的《教育漫话》(1693 年)系统地探讨了这一主题,早期的《论文》则简要地交代了这种教育的原则:教育者应该用仁爱和德性潜移默化地影响稚嫩的心灵,让年轻人在生命的初期就确立道德的基础,这

---

① 参见本书第 115—117 页。

② 在本文的随文注和脚注中,连续三个数字是指《理解论》的某卷某章某节,例如 2. 28. 11 是指《理解论》的第 2 卷第 28 章第 11 节;字母(I 或 II)加数字是指《政府论上篇》或《政府论下篇》的某一小节,例如 I,53 是指《上篇》的第 53 节。

③ 参见本书第 124 页。

个过程的关键在于，防止年幼的心灵过度屈从于肉体的快乐。在洛克默认的历史文化语境中，传统教育的基础是基督教一神论。《论文》含蓄地指出："在这件事情（指传统教育——本文作者注）上，最谨慎最热切的是那些认为来生的全部幸福依赖于开始时建立的道德基础的人。"[①]《教育漫话》则明确表示："希望年轻人把精神的研究放在物体的研究之前，在进入自然哲学的殿堂之前，先好好地吸收一番《圣经》教义的思想。"[②]

由以上所述可知，洛克的自然法从质疑传统开始，最终却没有完全否定传统，而是回到自身所属的特定传统——基督教一神论。这就不难理解，《论文》一开篇就雄辩滔滔地证明上帝的存在，迫不及待地认定这是自然法的前提条件。洛克一生始终认为自然法从属于神法，是神法的一个分支。他一直在相对稳定的法律框架中发展自己的自然法思想，早期的《第二篇政府短论》将所有法律分为四类——神法、人法、兄弟法和私人法，[③]后期的《理解论》则分为三类——神法、民法和舆论法。(2.28.7)两相比较，可以发现，神法始终占据核心地位，整个法律框架的主体结构没有根本的变化。神法由两部分组成——自然法和实定神法。第六篇论文主要论证自然法在上述法律框架中的地位，强调自然法的约束力来源于上帝的意志，实定神法的约束力等同于自然法，实定人法的约束力来源于自然法，从而表明自然法是所有法律中最

① 引自本书第130页。
② 引自《教育漫话》第192节。
③ 参见《洛克政治论文集》(英文影印本)，第62—67页，中国政法大学出版社，2003年。

重要的一种法。一般而言，比较容易理解的是，后来的《政府论两篇》（以下简称《政府论》）进一步阐发了实定人法和自然法之间的从属关系；但同样不应忽视的是，《基督教的合理性》和《保罗书信诠释》进一步阐发了实定神法和自然法的“等同关系”。在洛克看来，实定神法就是《圣经》的启示，它跟自然法的理性原则并不矛盾，也就是说，实定神法和自然法，启示和理性，两者之间是相互证成的关系，而不是相互诋毁的关系。

但是实定神法和自然法毕竟不同，《圣经》的启示和人类的理性毕竟不同。按照洛克的理解，自然法的认知途径不是从超自然的神圣的启示出发进行演绎，而是从内在于人性本身的自然之光出发进行归纳。他坚决否认自然法是人心生来就被刻写上的所谓“内在观念”。他将《圣经》称为“传说的启示”，将内在观念称为“原始的启示”，并以完全不同的态度对待两类启示，一方面将晚年的成熟理智完全奉献于揭示“传说的启示”的合理性，另一方面则自始至终不愿意承认存在“原始的启示”的可能性。不管准确与否，亚里士多德被当作这种内在观念的支持者，《形而上学》中的命题“同一事物不可能同时存在而又不存在”被当作批判的靶子。亚氏正是从沉思这个命题出发，最终推出统摄整个伦理体系的至善之神。在亚氏的哲学体系中，实践原则建基于思辨原则。因此，一旦思辨原则受到批判，实践原则也不能幸免。洛克不仅否定了亚氏的起点，同时也否定了亚氏的终点；不仅否定了思辨原则是刻写在心中的内在观念，同时也否定了实践原则是刻写在心中的内在观念。后来的《人类理解论》从这两方面对内在观念作了不遗余力的批判，并不无嘲讽地调侃了至善观念和善的等级结构。[①]

有些学者认为，洛克的自然法在拒绝内在观念之后面临不可克服的困难，以至于只能大谈特谈自然法的认知途径，而不能明确说出自然法的具体内容。[②] 但在我看来，洛克并没有忽略自然法的具体内容，而他重点阐述自然法的认知途径也有充分的理由。在洛克看来，上帝创造了这个世界，赋予一定的自然规律，上帝也创造了人类，赋予一定的道德法则（自然法）。尤为重要的是，上帝在赋予人类自然法的同时，也赋予人类认知自然法的能力。自然法的基本内容和自然法的认知途径必然相互一致。人类想要了解自然法，不能直接求助于上帝的启示，却能直接求助于自身的能力。自然法的认知途径是自然之光，也就是理性和感觉两种能力，[③]第二篇和第四篇论文的标题用不同的命名方式反复表达了这一核心观点。洛克认为，只要心中存有上帝的观念，理性和感觉的相互作用就可以认识自然法。更明确地说，认识自然法需要两个条件——上帝观念和自然之光，但是这两个条件的地位和作用各不相同，上帝观念只是自然法的前提预设，既不同于《圣经》的启示，也不同于内在的观念，它只是空洞的形式条件，

① 对思辨原则和实践原则的内在观念的批判，参见《理解论》第一卷，对至善观念和善的等级结构的调侃，参见《理解论》2.21.55。

② 参见李猛《革命政治——洛克的政治哲学与现代自然法的危机》，收入吴飞主编的《洛克与自由社会》，第71页，上海三联书店，2012年。

③ 洛克认为，这里的“理性”不是指所谓的“正确理性”，而是指心灵的推理能力。因为“正确理性”意味着行为的原则或心中的命题，其实也就是自然法本身，如果承认心中存在“正确理性”，就无异于承认心中存在“内在观念”。

没有具体的实质内容。自然之光则是认识自然法的现实途径,认识自然法的过程就是不断充实上帝观念的过程,正是在这个过程中,自然法的具体内容会逐渐清晰起来。

《论文》既致力于阐明自然法的认知途径,也简要地提示了自然法的具体内容。关于自然法的认知途径,第二篇论文认为:“人所特有的理性和推理能力通过这个世界的质料、运动以及可见的结构和设置(感觉的作用——本文作者注),从中推出这些事物的制作者,最终得出结论并自我确认:某个神是所有这些事物的作者。一旦这一点得以确立,一种约束所有人的普遍的自然法必然随之出现。”[①]第四篇论文认为:“为了知道感觉和理性在相互帮助时怎么能够将我们导向自然法的知识,必须首先设定某些前提,因为它们在任何法的知识中都是必须预设的。”洛克提出两个前提,一个拥有至上权力的立法者和这个至上权力的某种意志,实即上帝及其意志,并且指出在这两个前提下:“理性借助感觉指明的道路能够将我们引向立法者的知识或者我们必须服从的某种至上权力的知识,这对任何法的知识来说都是首要的东西。”[②]关于这种自然法的具体内容,洛克在《论文》中零零散散地作了许多提示,并在第四篇论文末尾提出了三条总结性的原则:第一,赞美上帝;第二,维持社会的存在;第三,维持自身的存在。洛克的基本思路非常清楚,自然法的认知途径必然推导出自然法的具体内容。第七篇论文进而认为,自然法的约束力之所以是永恒而普遍

① 参见本书第125页。
② 参见本书第133—135页。

的，就是因为自然法的具体内容和自然法的认知途径之间和谐一致，也就是自然法和人性之间和谐一致。上帝创造了拥有理性和感觉的人类，同时也创立了约束人类的自然法。自然法与人性同生同灭，除非人性彻底改变，自然法就不可废除，而只要人性如其所是，自然法就必定产生，两者同是上帝意志的体现。[①]

《理解论》进一步阐述了自然法的认知途径，不仅讨论了理性和感觉的关系，突出了感觉的作用，而且将理性和感觉的关系转化为自由和欲望的关系，突出了欲望的作用。洛克认为，欲望属于快乐和痛苦的各种样式之一(2.20)，而快乐和痛苦又是由感觉和反省而来的简单观念(2.7.1)，反省又以感觉为基础，因此欲望归根结底是感觉。不仅如此，在所有简单观念中，洛克首先重视快乐和痛苦，用最大的篇幅讨论这两个概念，在他看来，“在由感觉和反省得来的简单观念中，痛苦和快乐是两个很重要的观念”(2.20.1)。由此可知，欲望在洛克的哲学体系中可说是最重要的一种感觉。欲望具有两个特点：其一，欲望在质上等同，各种欲望没有高下之分，人们对不同事物的欲望各不相同，无可非议；其二，欲望在量上不同，选择较小数量的欲望等于没有德性、没有自由，选择较大数量的欲望等于有德性、有自由。这种选择是在比较一定时间内可能存在的各种欲望之后才作出的决定。谁能在更长的时间内理性地考虑欲望的数量，谁就能得出更正确的计算结果，谁就更自由、更有德、更幸福。按照这种逻辑，洛克最后向我们指出，最正确的计算必然依赖上帝和来世的信仰。因为这种

① 参见本书第155—156页。

信仰意味着无限量的幸福，而人生在世的任何欲望都是有限量的幸福，在今生此世选择做最符合上帝意志的事情就是选择最大的欲望，就最有德、最自由、最幸福。(2.21)

《政府论》进一步阐述了自然法的具体内容。上篇进一步确立了自然法的前提条件——上帝及其意志。上帝根据自己的意志创造了人类，赐给人类万事万物，也赐给人类同样的理性和欲望，因此他们拥有同等的权利和权力去占有万事万物，去拥有财产权，他们既是平等的，也是自由的。下篇接着明确地将这种上帝的意志归纳为两条主要的自然法——保存自己和保存人类。(II,6)一方面，保存人类被认为是根本的自然法(II,134,183)；另一方面，目的在于保存自己的财产权成为论述的重点。保存自己和保存人类的关系具体表现为财产权和自然法的关系。在自然状态中，自然法为狭义财产权设置了两条限制——必须将所占财物在腐坏之前消费(可称之为"腐坏的限制")和应该留给他人足够多同样好的东西(可称之为"丰足的限制")[①]。在政治社会中，自然法的限制表现为广义财产权的自我调节。广义财产权包括一个人的生命、自由和财物(II,87,123)，或者说包括人格和物品(II,173)。相较于外在的狭义财产权(财物或物品)，广义财产权首先保护每个人的生命、自由和人格，当任何行为——特别是在财富和权力方面处于优势地位的统治者的行为——侵犯这种最基础的财产权的时候，人们必然拥有反抗的权利。广义财产权的

① 参见 Gopal Sreenivasan，The Limits of Lockean Rights in Property，Oxford University Press，1995，p. 34。

这种内在制约和内在调节，可以确保同时实现保存自己和保存人类的目的，也就是说，可以确保同时实现财产权和自然法。

从《论文》到《理解论》和《政府论》，洛克的自然法不断地演进。在演进的过程中，洛克始终坚持自然法和财产权相互统一的基本看法。实际上，《论文》中的感觉和理性可以对应于《理解论》中的欲望和自由，也可以对应于《政府论》中的财产权和自然法，更直白地说，对应于短期利益和长期利益，或者个人利益和整体利益。这组关系构成了洛克自然法的基本张力，展现出一种明智的平衡。当然，与此同时也不能否认，在演进的不同阶段，洛克的侧重有所不同。比如，尽管理性和感觉始终是自然之光的两个必要因素，但是《论文》强调理性的基础性，《理解论》则在此基础上突出了感觉的作用以及相关的欲望的作用。与此相应，尽管自然法和自然权利始终是富有张力的统一关系，但是《论文》强调自然法的优先性，《政府论》则在此基础上突出了财产权的作用。这些差异的深层原因是增长原则的发现。第八篇论文认为，全人类的财富受制于自然界的产出，自然界的产出是固定的，全人类的财富也是固定的，任何人试图增加自己的财产就意味着掠夺他人的财产。在这种情况下，当然只能强调自然法对财产权的保护，不能强调财产权对自然法的贡献。[①] 但是，《政府论》第五章认为，劳动赋予自然资源（主要是土地及其附属物）主要的价值，富有价值的产品与其说是自然赐予的，不如说是人类创造的，因而它们的产量并不是固定不变的，而是不断增长的，私有财产权只要在增

① 参见本书第162页。

加私人财富的同时也增加了共同财富，就不会违反自然法。这一增长原则的发现是洛克前后期主要差异的根源。它在不同学者的笔下具有不同的表述形态，有的认为，洛克在后期转向自由主义，否定了早期的权威主义，[①]有的认为，洛克在后期引入了经验主义（或享乐主义），破坏了早期的自然法观念，[②]总而言之，洛克从早期偏重自然法转向了后期偏重财产权。显然，增长原则的发现使洛克可以更加彻底地贯彻经验主义和享乐主义，更加放心地肯定每个人对自我利益的判断和追逐。可以毫不夸张地说，在很大程度上，现代之所以能够挑战传统，是因为现代发现了传统所缺乏的增长原则。因此，在某种程度上，洛克早期和后期的转变也可视为传统和现代的转变。但是必须指出，这一转变是在自然法总体框架基本保持不变的前提下作出的调整。

至此为止，本文比较全面地分析了洛克早期的《自然法论文》。这八篇论文相对独立又相互联系。毫无疑问，作为早期著作，其中的具体观点，或者尚不确定，或者尚不成熟，后来或者被放弃了，或者被发展了。但是，可以毫不夸张地说，几乎所有耳熟能详的洛克的主要著作都是对这些论文的进一步回应和展开。这些著作包括《理解论》《政府论》《教育漫话》《基督教的合理性》等等。本文一方面纵向地展示了早期《论文》和后期著作之间的演进关系，另一方面横向地阐明了八篇论文之间的具体关系，由

① 参见丁耘主编《什么是思想史》，上海人民出版社，2006 年，第 111、112 页。
② 参见[德]海因里希·罗门《自然法的观念史和哲学》，姚中秋译，上海三联书店，2007 年，第 81—83 页。

此勾勒出洛克主要著作之间可能存在的内在关联。本文的主要结论是：洛克的自然法从质疑世界各国的传统习俗出发，最终却肯定自身所处的传统习俗，在基督教一神论的基础上寻求一种普遍适用全世界所有民族的道德法则。这种道德法则的实质是上帝和人性的相互结合，具体表现为人类利用上帝赐予的自然之光（理性和感觉）认识自然法（上帝的意志），它最终落实为鼓励人们追求更大的欲望，积累更多的财产。

自然法论文[①]

洛克/著　陆建松/译

一、存在一种道德规则或自然法吗？是

二、自然法能够通过自然之光被认知吗？是

三、自然法是否刻写在人们心灵之中？否

四、理性能够通过感觉经验获得自然法的知识吗？是

五、自然法能够从人们普遍的同意中被认知吗？否

六、人们受自然法约束吗？是

七、自然法的约束力是永恒而普遍的吗？是

八、每个人的自我利益是自然法的基础吗？否

① 中译主要根据冯·莱登(W. von Leyden)的英译本 *Essays on the Law of Nature*, Oxford at the Clarendon Press, 1954, 同时参考了罗伯特·霍维兹(Robert Horwitz)等人的英译本 *Questions Concerning the Law of Nature*, Cornell University Press, 1990。翻译完成后，又有机会参考了《世界哲学》杂志李季璇博士的译文，在此致谢。——中译者注(除特别注明外，以下注解均为英译者注。)

一、存在一种道德规则或自然法吗？ 是

既然神[①]处处向我们显现自身，正如他以前经常在奇迹的证明中显现一样，现在他在自然的固定过程中同样引人瞩目，我相信没有人会否认神的存在，假如他承认我们生命的某种理性说明是必要的，或者存在某些事物可称之为德性或罪恶。一旦认定某种神圣的存在统辖着这个世界，对此加以怀疑就是不敬——正是他命令诸天永转，大地侍立，[②]星辰闪耀；正是他甚至为狂野不驯的大海设定边界，规定每一种植物发芽和生长的季节与方式；正是遵从于他的意志，一切生物才拥有它们自己的出生和成长的法则；在这个世界中没有事物如此不稳定、不确定，以至于不认可适于其自身本性的有效而固定的法则。因此，探寻以下问题似乎是正当的：是否只有人免于任何适于自身的法则而进入这个世界，没有计划，没有规则，没有其生命之任何模式？没有人会轻易地相信这点，只要他对至善至伟的神，或者对全人类时时处处的普遍同意，或者对他自己或他自己的意识进行过思考。但是，在论

① "神"这个词在洛克手稿中是大写 Deus 还是小写 deus，这个问题在两位英译者之间引起了不小的争执，大写还是小写成为判定一神论还是多神论的证据，最终成为判定洛克自然法是否继承基督教自然法的证据。霍维兹在其译本导言中批评莱登将小写改为大写，从而将洛克自然法引向基督教自然法传统。而莱登并不讳言自己的改写基于自己对文本的理解，他在第一个注解中就对此加以声明。我们认为，霍维兹的文本考证基本可信，但并不能就此证明莱登的改写毫无根据，从洛克后来的成熟著作看，这种改写恰恰很有道理，大小写问题不能有力地驳斥洛克继承基督教自然法的论断，从而不是一个至关重要的问题。中译采用"神"而非"上帝"，是想要回避这个问题，因为"神"既可指称多神论的神，也可指称基督教一神论的神。——中译者注

② 洛克在此追随地心说(cf. *Essay*, II. xiv. 21)。

及该法律自身以及证明其存在的论据之前,似乎有必要指出它的多个名称。

[1]那么,首先,我们可将我们的法律等同于“道德的善”或“德性”,哲学家们(尤其是斯多葛派)曾经对此投入如此之多的热情,给予如此之多的赞美;我们可将之等同于塞涅卡所认为的人应当满足的单一的善,甚至人类之中被罪恶败坏了的那些人也承认此中有如此之多的高贵、如此之多的光辉,他们一边逃避它,一边却赞美它。

[2]其次,它被称为“正当的理性”,每个自视为人者都宣称拥有它,不同派别的人们正是为此而进行如此激烈的争辩,每个人都断定这是他们学说的基础。然而,我认为此处用“理性”不是意指形成思想序列并演绎论证的理解能力,而是某些明确的行为原则,由此引出所有德性以及对道德的正确形成有必要的任何东西。从这些原则正确地推导出的东西被理所当然地认为符合正当的理性。

[3]此外,它是很多人谈及的一种自然法,他们用此术语称呼他们所理解的如下法律:每个人通过自然植入我们里面的那种光就能发现的一种法律,他也表明自己在所有事情上都服从于它,他将之理解为其责任之原则;这就是斯多葛派如此频繁地强调的根据自然而生活的规则。

用这些名称来指称的这一法律应该区别于自然权利:因为权利(jus)是基于我们自由地使用某一事物的事实,而法律(lex)是命令或禁止做某事。①

因此，这一自然法可以看作神圣意志的法令，通过自然之光而被知晓，指示什么符合以及什么不符合理性的本性(rational nature)，据此命令或禁止。② 在我看来，有些人将它称为理性的指示似乎不太正确，因为理性与其说是确立和宣布这一自然法，不如说是探究和发现它作为法律由一个更高的权力制定并植入我们心中的过程。③ 理性不是该法律的制定者，而是解释者，除非我们愿意亵渎最高立法者的尊严，将我们所接受的法律归于仅仅意在探究它的理性；理性实际上不能给予我们法律，因为它只是我们心灵的一种能力，我们的一个部分。因此，法律的所有必要条件显然在自然法中被找到了。第一，它是一个更高意志的法令，法律的形式因此似乎与此相合。不过，可能以后有必要探究它如何对人类而言成为可知。④ 第二，它规定了做什么和不做什么，这是法律的特有功能。第三，它约束人，因为它自身包含创建责任所需的所有条件。尽管它无疑不以与实定法相同的方式被颁布，但它足以被人们所知晓(这已经足够实现其目的)，这是因

---

① Cf. Hobbes, *Leviathan*, pt. i, ch. 14 (Pogson Smith, p. 99); also Pufendorf, *Elementa Jurisprudengtiae Universalis*, 1660, lib. I, def. xiii, par. 3.

② 关于这个句子和下述视自然法为“理性的指示”(dictatum rationis)的定义，参见 Grotius, *De Jure Belli ac Pacis*, lib. i, c. I, sect. 10, par. I。此句开头的观点也出现在洛克 1661 年《备忘录》某段的开头，第 10 页，刊印于 Lord King 的 *Life*(1858)，第 292 页。关于法律和人的理智本性之间存在“一致”(conformity)或“和谐”(harmony, convenientia)的观念，参见《论文》第七篇。

③ Cf. Culverwel, *Discourse of the Light of Nature*, 1652, ch. Ix, p. 99 (ed. Brown, 1857); also Hooker, *Laws of Ecclesiastical Polity*, bk. i. ch. 8, par. 3 (Keble's ed. of Hooker's Works, 1865, i. 228).

④ 参照《论文》第二篇及以下。

为仅仅借助自然之光就能够知晓它。

我们假定这么多,以下论据可以证明此种法律存在:

[1]第一个论据可以在亚里士多德《尼各马可伦理学》第1卷第7章中找到,他在彼处说:"人的特定职责是符合理性的灵魂活动。"[1098a7]因为在前面的章节中他已经通过多种例子表明,每一事物都有特定的职能,他也试图探寻在人这个例子中这种特定的职能是什么。因此,在叙述了人跟动物与植物共同的植物性的和感觉性的官能的所有作用之后,他最终正确地推论,人的特定职责是符合理性的行动,因而人必须执行理性规定的行动。同样的,在第5卷第7章中他区分了法律的正义和自然的正义,他说"自然法是在每个地方都具有同样效力的法"[1134b18],①由此推得存在某种自然法,因为存在某种在每个地方都适用的法。

(因为存在某种全人类一致认可接受的法,但是如果这法不是自然法,就不可能出现此种情况。虽然确实存在某些人们不能相互同意的原则,但是各种德性的定义在他们所有人当中都是固定不变的。然而,如果这些法是实定的,是人们任意制定的,并不是先于这些法的概念或义务而存在,它们就不会在每个地方都如此相似,也不会如此接近一致:德性将在印度人中是一事物,在罗马人中是另一事物,因为没有什么事物比人们在他们的市民法和他们的风习的实定法规中更加彼此相异了。这个论证也由以下事实证实,德性理论可被包含于科学界限之内,那是由于"源于约

① 洛克没有提及亚里士多德的另一个法律区分(*Rhetoric*,1373b4),即具体的实定的法律和普遍的据于自然的法律。

定的事物非常不同于自然的事物；因为跟自然相关的事物总是相同的，可以方便地归入一种科学，而约定的事物不会成为科学的部分，因为它们常常变动，各处不同”。因此可以合理地总结：存在一种源于自然的法。实际上，人们普遍的同意不是完全没有意义和无关紧要的事，因为这一普遍同意除对所有人而言共同的某些原则之外不可能有任何其他来源，自然本身就是此来源。由于“当许多人在不同的时间和不同的地点断定同一事物是确定的，这一事物就必须与一个普遍的原因相关”，这除了是理性自身的指示和我们共同的自然不可能是其他什么东西。因为没有其他东西有能力向所有人的心灵灌输同样的原则，迫使他们进行相同的思考。事实上，从人们结论一致的这种普遍同意出发，不仅可以推断人们可以做什么——既然人们看似不可能去做违背自然的事，而且可以推断他们应该做什么。正如我们所见，多数人在既没有被他们的私人利益也没有被某些快乐的诱惑所驱使的情况下，践履并宣扬他们应该做的事情，唯一的解释是他们觉得应该服从自然法。践履又复赞美，以便通过他们自己的考量肯定这种法存在，因为一种行为如果自己不去践履，那么与其说它适于赞美，毋宁说更适于嘲笑；如果没有这种法，损己益人[这种事情常常发生在履行诺言的时候]就与其说是有德者的特征，毋宁说是愚人的特征。)①

有人在此提出一个反对自然法的理由：根本没有此种法存

① 这是洛克曾删除的段落，删除的原因显然是自然法与普遍同意在这一段中表现出紧密的联系，这跟《论文》第五篇的观点不尽一致。——中译者注

在,它无迹可寻,因为大多数人这般活着,就好像生活中根本没有理性的基础,也没有所有人都认可的此种法律;相反,人们在这一点上似乎并不相互赞同。如果确实存在可以通过理性之光知晓的自然法,那么何以不是所有拥有理性的人都知道它?

我对此的回答是:[i]正如在公民事务中的情形那样,不能因为盲人不能阅读公开张贴的法律告示,或者是弱视的人难以阅读,或者是忙于他事的人没有时间阅读,或者是懒人和恶人无意将目光举到告示之上去学习他的义务之所在,就说一个法律不存在或没有公布。我承认自然将理性赋予所有人,并且断言理性能够知晓自然法,但是这并不必然意味着任何人都知晓它。因为有些人不借用理性之光而偏爱黑暗,不愿意将他们自己展现给自己;然而,即使是太阳也不会向一个人展示其要走的路,除非他睁开眼睛并充分做好旅行的准备。另外一些人成长于罪恶之中,几乎不辨善恶,由于坏的生活方式随着时间的流逝越来越坚固,已经养成了野蛮的习惯,恶习甚至已经败坏了原则。还有一些人由于自然的缺陷,心灵才智太愚钝,以至于不能够发现那些自然的秘密法令。其实,在日常生活的事情上,或者在易于知晓的事情上,遵从理性的权威或服从于理性的指导的人是多么少啊!当他们被激情的暴力,或者粗心大意,或者败坏的习惯引入歧途的时候,他们乐意遵从快乐的动机或低下本能的驱迫,而不是理性的指示。在一个国家(commonwealth)的居民中知道他的国家的法律的人是多么少啊!尽管它们被公之于众,易读易解,历历在目。那么,岂不是知晓秘密而隐蔽的自然法的人更少!因此,在这件事情上,我们应该请教的不是大多数人,而是那些更理性更敏锐的人。

[ii]我这样回答,即使更理性的人们,对自然法是什么及其真实可知的条令是什么的解释,不全然一致,也不能由此推出完全不存在自然法;相反,既然人们关于它的争论如此激烈,那么可以推出的毋宁是存在此种法。其实正如在一个国家中那样,由于发现法学家对法律的解释多样就得出不存在法律的结论是错误的;在道德方面也一样,由于自然法在此处被宣称为此、在彼处被宣称为彼而推论出不存在自然法也是不正确的。毋宁说,这一事实更牢固地确立了自然法的存在,因为所有争论者对这种法律本身都持相同意见(所有人都承认根据自然而存在善与恶),不同只在于对它的解释。不过,当我们不得不处理这种法的认知途径的时候,我们将再次深入地讨论这一论据。①

[2]第二个证明自然法存在的论据来自人们的良心,②亦即源自以下事实,"没有一个罪人在自讼中免责"。因此人的自我判决证明了自然法之存在。如果没有理性指示我们必须表明自己所服从的自然法,那么何来那些不承认存在其他法律的人——他们通过那些法律受到指导或约束,审判他们的生活和行为,或免责

① 《论文》第二篇及以下。

② Gabriel Towerson 在一封信中向洛克建议这个来自良心的论据,quoted on pp. 8—9(Towerson 在他自己的著作中解释了这个论证的某些细节,*An Explication of the Decalogue*,1676,discourse i,pp. 2—3)。Towerson 在给洛克的信中也说:"我认为你有义务……简要地回应你自己的反驳。"这段话看来是指上文对自然法存在的第一个论据的反驳,以及洛克对此的回应。

或获罪[①]——的良心呢？既然没有某种法律就不可能有判决，这种法就不是成文的，而是内在的，亦即自然的。[②]

[3]第三个论据就是来自这个世界的结构，所有事物都遵循固定的法则运作，按照适合它们本性的方式存在，而规定每一事物活动的形式、方式和尺度的正是法则。[③] 阿奎那说，“在被造物中发生的一切，都是永恒法的内容”，希波克拉底（Hippocrates）宣称，“每一渺小和伟大的事物都履行了命运规定的任务”，那就是说，没有事物背离其法则一步。既然此类情形如是，那么看来并非只有人约束于法，其他每一事物都约束于法；相反，他也约束于适合其本性的行为方式。因为这与造物主的智慧不相称：造一种最完美的充满活力的动物，充分地赋予它高于所有其他造物的心灵、智识、理性及活动的一切其他所需，却不分派给它任何职责，或者又唯独赋予它免于服从任何法律的能力。

[4]第四个论据来自人类社会，因为没有这种法，人们彼此之间就不可能交流或联合。实际上人类社会似乎建立在两个基础之上：第一，确定的国家宪法和政府形式；第二，契约的履行。这些一旦被废除，人们中间的每个共同体就都将瓦解，恰如自然法

---

① Cf. Rom. Ii. 14－15.

② Cf. Sanderson, *De Obligatione Conscientiae*, 1647, lect. Iv, par. 14; also *Sanderson's Judgment in one View for the Settlement of the Church*, 1663, published in I. Walton's *Life of Dr. Sanderson*, 1678, pp. 117－118.

③ 在论公民长官的拉丁文论文中(p. 6)，洛克引用的一段话出自 *Hooker's Laws of Ecclesiastical Polity*, bk. i, ch. 2, par. 1(Keble's ed. of Hooker's Works, 1865, i. 200)，此处这一段的这一句显然是仿写。

一旦被废除，这些基础本身将瓦解一样。[①] 我要问，如果一个国家拥有最大伤害权力的那个部分可以做它想做的任何事情，如果最高权力拥有最大的不受限制的自由，那么，政治体的形式将会如何？国家的宪法将会如何？财产的安全将会如何？既然君主们（一个国家之中最高的那个权威或最高的那些权威）拥有根据他们的意愿制定和修改法律的权力，以及根据他们自己的统治利益做任何事情的权力，好似既不受到也不能受到他们自己或其他人的实定法律的约束，如果没有另外的高于他们的自然法，亦即他们受约束必须服从的一种法，那么我要问，如果人们联合在一个国家之中只是为了成为他人的权力下的被捕食者，人们的利益将处于何种境况？社会的特权将如何？（如果君主们行动的时候通过强力夺取他们臣民的所有物，骚扰他们，抛弃他们，谋杀他们，只考虑他们自己的[私人的]权利。）实际上，如果没有自然法，君主们的境况不会比他的臣民们更好，因为没有自然法，人们就可以不受国家法律的束缚。显然，实定的市民法的约束力不是凭借其自身的本性或力量或任何其他方式，而是源于自然法，它责令人民服从上级和维持公共和平。因此，没有这种法则，君主们可能可以借助强力和武力强迫民众服从，但是不能真正约束他们。没有自然法，人类社会的其他基础也将崩塌，这个基础就是如实地履行契约，因为当其他地方提供了更有利条件的时候，不能因为一个人已经许诺就指望他守约，除非遵守诺言的义务源于自然

① 此处参照 Grotius 关于自然或自然法是市民法祖母的观念（*De Jure Belli ac Pacis*，proleg.，par. 16）。

而不是源于人的意志。①

[5]第五个论据是,如果没有自然法,将既不会有德性也不会有罪恶,既不会有善的回报也不会有恶的惩罚;没有法的地方,就没有错,也没有罪。② 每一事物都将基于人的意志,既然没有什么义务的要求,那么除利益和快乐驱迫的事或者盲目违法的冲动可能正好激起的事之外,人似乎就将无所事事。"正直"和"有德"这些术语将毫无意义地消失,或者仅为空洞的名称。没有人会违法,因为没有法律命令或禁止,人[将是]他自己行为的最高的、绝对的、自由的裁判者。[在这种情况下],毫无约束的人们可能很少考虑自己的生命和健康,③但是决不忽视荣誉与义务,因为无论他们拥有的德性和罪恶会产生何种荣誉或邪恶,都要完全归因于这种自然法。善与恶的本性是永恒固定的,它们的价值既不由人们的公共法令决定,也不由任何私人意见决定。

二、自然法能够通过自然之光被认知吗? 是

既然某些善与恶的原则被所有人所承认,既然没有民族如此野蛮、如此背离人性,以至于没有任何德性和罪恶的观念、任何赞美和责难的意识,我们就似乎应该进而探询,人们以什么方式了

① Cf. Pufendorf, *Elementa Jurisprudentiae Universalis*, lib. I, def. xii, par. 16(fin.).

② 这个短语是对霍布斯的回忆, *Leviathan*, pt. i, ch. 13(ed. Pogson Smith, p. 98),但是也参见 Rom. iv. 15,被 Culverwel 引用过, *Discourse of the Light of Nature*, ch. vi, p. 77 (ed. Brown, 1857)。

③ 此处对照洛克 1661 年《备忘录》中论述放纵的一个章节,刊印在 Lord King 的 *Life* (1858),第 293 页。

解这种大家普遍同意且遵守的自然法。除非同时根除人性本身，否则无法消除人们关于自然法的所有情感，因为在一个人宣称自己绝对自由之前，必须全盘否定自然。我们认为，我们依据自然之光获得自然法的知识，不同于其他获得知识的途径。但是当我们说自然之光指示这一法则的时候，我们不希望这被理解为某种内在的光被自然植入人心，然后不断地向他提醒他的义务，笔直不偏地将他引向应走之路。我们并不认为，这种自然法像写在石板上那样敞然置于我们心中，只要某种内在的光接近它，它就能被那光线阅读、理解、知晓，就像一个火把接近一块挂在黑暗中的告示板似的。我们说某事物能够被自然之光知晓，是指存在着某种真理，如果一个人能够正确运用那些自然赋予他的能力，就能自己获知，而无须他人的帮助。除此之外，别无他意。

有三种获取知识的方式，我没有过于严格地选择术语，可以称之为：[1]刻写①，[2]传统②，以及[3]感觉经验。可以加上超自然的神圣的启示作为第四种，但这无关我们现在的论证，因为我们在此不打算探究被圣灵充满的人能够知道的东西，或者被天堂之光照亮的人能够看到的东西，而只探究拥有心灵、理性和感觉的人借助自然的力量和自己的智慧能够发现和洞察的东西。所有此类知识，无论其范围如何广大，都确实取得了巨大的进步，不仅参透了万事万物的所有本性，甚至超出了[这个]世界的界限，从而在沉思中进入天国本身，并且已经相当准确地探究了精神和

① 亦即内在知识。
② 亦即通过告知或教诲的方式获得的二手知识。

心灵，以及它们的本性、它们的活动、它们受什么法则约束。我再重申一遍，所有此类知识都是通过这三种获取知识的途径到达心灵的，①除此之外知识没有其他的原则和基础。我们所知道的一切，或者来自自然的馈赠和某种天生的特权而刻写在我们心中，或者来自传闻，或者来自我们的感觉。

然而，既然我打算处理认知的方式，有人可能就要问我为什么没有提到理性，它似乎是所有知识最强大最主要的光，尤其是因为很多人将自然法称作正确理性本身和正确理性的指示。我们的解释是，我们在此探究的是一切知识的原则和起源，也就是基础的观念和知识进入我们心灵的方式。我们认为，所有这些都不是被理性获知的，它们或者通过刻写而印在我们心灵之上，或者通过传统为我们所接受，或者经由感觉进入。除非预先确立和认可某些事物，否则即使理性拥有强大的推理能力也将一无所获。我承认，理性利用这些知识要素，将其加以扩大和改进，但是绝对没有建立它们。理性没有奠定基础，尽管它一次又一次地建立极其壮丽的建筑，将知识的顶峰高举至天。实际上，就像没有很多前提就能得出一个结论那样，一个人没有任何已知且认同的前提就能轻易地使用理性，不过，我们现在将要探究的是知识的真正起源。

[1]关于刻写，有人认定这种自然法为我们生而有之，它是如此之深地铭刻在所有人的心灵之中，以至于来到这个世界的人，

---

① 最后一个句子的意思是清楚的，但是由于它的构造有些模棱两可，我想不到一个满意的翻译。我把 una 当作动词。

无一不在心灵上刻着这些有关他的义务的文字①和标记,无一不带有生而知之的行为规则和道德戒律;无须从任何其他的源泉寻求外在的和派生的道德法则,因为人在自身之内就有自己的法学大典,②而且总是敞开在他面前,包含了他所有的义务。我承认,这是一种简单③易行的认知方式,如果人得到充分明示,且被自然赠予足够智慧,以至于对何者适当何者不太适当生来就没有疑惑,人类将非常幸运。如果这种看法被接受,我们坚持的真理就被牢固地确立了,即自然法能够被自然之光揭晓。对于在我们心中是否真的这样刻写着自然法,它是否以此种方式为人类所知,我们将在另一地方予以讨论。④ 对于此刻讨论的问题来说,证明以下这一点就足够了:如果人类能够正确地使用他的理性和自然提供的天赋能力,他就能在无须教师指点,也无须督导提醒的情况下获得这种法则的知识。⑤ 然而,如果我们要证明这种法则是通过传统之外的其他途径被获知的,那么它肯定是通过自然之光和内在原则被获知的,因为一个人所知道的无论什么东西,都必然是从他人那里获知的,或者是从自己这里获知的。

[2]我们之所以将传统和感觉经验区别开来,这并非由于传统不是通过感觉进入心灵的——我们正是通过耳闻而接收它们,

---

① 在《理解论》(*Essay*),I. i. 1,洛克谈到"首要的观念"(primary notions)或"文字"(characters);在 I,ii. 27,他谈到"标记"(marks)和"文字"(characters)。

② Cf. Culverwel,*Discourse of the Light of Nature*,ch. ix,p. 99(ed. Brown,1857),引自 Hierocles。

③ Cf. *Essay*,I,iii,25.

④ 《论文》第三篇。

⑤ 此句的最后部分是对西塞罗自然法定义中的一个短语的回忆,*De Republica*,iii. 22(*Lactantius*,Inst. Div. vi. 8. 8)。

而是由于耳朵仅仅听到声音，信念则接受事实。例如，当西塞罗谈到恺撒的时候，我们相信他，于是西塞罗说有恺撒，我们就相信有恺撒。现在我们说传统不是自然法的认知方式，不是因为我们要否认某些甚至几乎全部自然法的戒律都是由我们的父母、老师传授给我们的。这些人致力于塑造年轻人的品性，并用爱和德性的知识浇灌他们依然稚嫩的心灵。因为他们认为应该以最高的警惕防止年轻人的心灵沉溺于享乐，或者被身体的引诱所俘获，或者被随处发生的坏榜样所怂恿，从而忽视更健全的理性的指示。那些对如何教育年轻人的心灵进行过任何思考的人，特意在生命的最初阶段确立他们德性的基础，尽最大的努力给他们灌输诸多感情：敬爱神灵，服从上级，信守诺言，诚实，仁厚，品性纯正，心胸开阔，以及所有其他德性。既然所有这些都是自然法的戒律，我们就不否认这些戒律能够由他人传授于我们，只不过，传统不是认知自然法的最初和确定的方式。[①] 如果我们接受从人们的言谈中听来的东西，只因为那些人宣称它是好的，这也许颇益于指导道德，恪守义务，但这不是理性的指导，而是人的指导。我毫不怀疑大多数人满足于来自传统的外授的行为规则，他们根据碰巧生于斯养于斯的社会中的那些人的信念和方式来塑造自己的行为，除了他们生活于其中的社会的习惯和人们的普遍意见，他们再没有其他有关正直和德性的规则。出于这个原因，他们并不会自寻烦恼地从真正的源头去探求自然法，也不探究他们的义务

---

① Leyden 本作“传统是知晓自然法的最初和确定的方式”，显然误脱了否定词。——中译者注

基于何种原则、它以什么方式产生责任，以及它的最初起源是什么。因为他们毕竟是被意见和称许指导，而不是被自然法指导。但是下述论据似乎证明，自然法就其是一种法而言，并非通过传统而为我们所知。

[i]在如此多变而相互冲突的传统之中，不可能确定什么是自然法，甚至很难判定什么是真的，什么是假的，什么是法，什么是意见，什么是自然的命令，什么是利益的命令，什么是理性的劝导，什么是社会的指示。既然每个地方的传统是如此多变，人们的意见是如此明显地对立且相互抵触，不仅在不同的民族是这样，在同一个国家也是如此，既然我们从其他人那里学到的每一种意见都是一种传统，最后，既然每个人都如此激烈地为他自己的意见争辩，要求得到别人的认可和信从，那就显然不可能在假定传统独自确立了我们义务的基础的情况下，探知那种传统是什么，或者在这种多变性中寻求真理。因为没有理由认定，一个人的主张相比另一个人相反的主张，更具有传统的权威或更值得信赖；除非理性能够发现区分传统本身的某种方式，进而接受一种意见并反对另一种意见，或由于借用自然之光能在一种意见中确认较多的证据，在另一种意见中确认较少的证据。这当然不是信赖传统，而是判断事物本身，这确实远离了所有传统权威。因此有三种可能：在认识由传统传播的自然法时不得不援用理性或判断力，于是所有传统就都失去了权威；自然法不能通过传统被知晓；根本不存在自然法。然而，既然自然法在每个地方都是同一的，而传统是多变的，那么或者完全不存在自然法，或者不能通过

传统这一方式知晓它。

[ii]如果可以从传统学习自然法，它就将是信念而非知识，因为它将更多地基于言说者的权威而不是事物本身的证据，所以，与其说是一种天生的法律，亦即自然的法律，不如说是一种派生的法律。

[iii]那些主张通过传统知晓自然法的人显得自相矛盾。因为想要追溯传统真正源泉的人必须停于某处，最终承认某个人为这一传统的原初作者，而这个人或者是发现了刻于心中的自然法，或者是基于感知获得的事实推而得之。然而，其余所有人也同样可以利用这些认知方式，只要每个人其自身都拥有同样基本的知识原则，就无需传统。而如果传统的第一个作者是由于受到某种神谕的指引或受到圣灵的激发而为这个世界制定了一种法，那么以这种方式颁布的法则绝不是自然法，而是实定法。

因此，我们可以得出结论，如果确实存在自然法，无人否认这点，那么就其是一种法则而言，它是不能通过传统被认知的。

[3]最后要讨论的认知方式是感觉，我们宣称它是认知自然法的基础。然而，这不应被理解为：自然法如此显而易见地在某处显示自身，以至于我们可以用眼阅读，或者用手探察，或者听它自己宣读。既然我们此刻探究的是这种法的知识原则和起源，以及它为人们所知的方式，我断言它所有知识的基础就是我们通过感觉觉察到的那些事物。人类依靠其所特有的理性和推理能力通过这个世界的质料、运动以及可见的结构和设置，从中推出这些事物的创造者，最终得出结论并确认：某个神是所有这些事物

的创造者。一旦这一点得以确立，一种约束所有人的普遍的自然法必然随之出现，这将在后文阐明。[①] 从以上所论可知，确实存在一种能够通过自然之光被认知的自然法。无论是什么在人类之中拥有法的力量，都必须承认神或自然或人是其创造者。但是，无论人命令什么，或者神通过神谕传达什么，都是实定法。然而，既然自然法不能通过传统被认知，那么剩下的所有可能就是它仅仅通过自然之光为人们所认知。

针对我们的结论，很容易提出如下反驳：如果自然法是通过自然之光被认知的，既然这种内在的法被自然植入所有人之中，那怎么会在所有人都被照亮的地方有那么多盲目的人？怎么大多数人都没有自然法的知识，而且几乎所有人都对它持不同意见？如果所有人都由自然之光导向这种法的知识，这似乎就不可能发生了。

如果我们认定自然法是刻写在我们心中的，那么这个反驳将具有某种内在的力量。根据这一假定，既然自然法刻写在所有人的心中，并且对理智来说是同一的，就必将推出关于自然法的看法在每个地方都是一样的。然而，我们的回答是，即使认定我们的心智能力能够将我们导向自然法的知识，也并不由此推得所有人都必然能够正确地使用这些能力。图形和数字的本质(nature)与属性似乎确定无疑是通过自然之光被认知的，但并不能由此推得拥有心智能力的任何人都能成为几何学家，或者完全通晓算术科学。因为一个人若要通过推理和论证揭示这些可以感知、显而

① 《论文》第四篇。

易见的事物所隐含的本性，就需要仔细地反省、思考和心灵的专注沉思。丰富的金银矿脉隐藏在大地深处，人类既有可以发掘它们的臂与手，也有发明机器的理性，但是我们不能得出结论说，所有人都是富有的。首先他们必须准备好，用巨大的劳动开采隐藏在黑暗之中的资源，它们并不供给懒惰闲散之人，甚至实际上也不供给探寻它们的所有辛勤之人，有些辛勤工作的人也会一无所获。但是，如果我们发现只有很少的人在他们日常生活的事情上遵从理性的指导，那么，既然人们很少深入探究自我以探寻生活的起因、方式和目的，就一点不用奇怪为何关于这种并非十分容易理解的自然法，人们的意见是如此不同了。因为大多数人很少关心他们的义务，与其说他们受理性指导，不如说他们要么受其他人的榜样指导，要么受传统习惯和故乡风习指导，要么最终受他们认为良好而聪慧的人指导。他们满足于派生的规则——其他人的行为、意见和建议，而不寻求生活和行为的其他规则，因此易于粗心大意，缺乏任何深入的思考和研究。不能因为只有少数既没有被罪恶败坏，也不粗心大意的人正确地使用那种光，就推论自然法不能通过自然之光被认知。

三、自然法是否刻写在人们心灵之中？ 否

既然我们在前面已经证明，存在一种自然法且它能够通过自然之光而不是传统被认知，有人就可能对于“什么是自然之光”感到疑惑，因为正像阳光一样，当它用光线向我们展示每一其他事

物的时候,它自身我们却不得而知,它的本性是晦暗不明的。[①] 既然事实上人类如果没有这种知识原则就将一无所知,它或者印刻在灵魂的原初本性之中,或者通过感觉获自外界,我们就似乎值得花费辛劳去探寻这种知识的起源,并探究人们初生的灵魂是否只是白板,直至后来才被观察和推理填满,或者他们是否在初生时灵魂中就刻印着作为义务的自然法指示。通过探究自然法是否写在人们灵魂之中,我们想要发现:是否存在某些内在于灵魂的实践命题,犹同刻于灵魂之中,以至于它们对于灵魂来说就像它自己的能力——意志和理智一样自然而然,不可或缺;是否无需任何努力或推理,它们就为我们所知,没有变化,永远显豁。然而,以下论据表明不存在此种刻写在我们心中的自然法。

[1]人们的灵魂在出生时不是一块有能力接受任何刻写[②]而自然尚未在其上留下印记的白板,而是更多的某种东西。这只是一个空洞的断言,至今无人证明,尽管很多人致力于此。

[2]如果这种自然法是自然在人们一出生时就将其整个刻在他们心灵之上的,何以拥有这种法的人类没有全都毫不犹豫地表示同意并服从它?因为,人们关于这种法有如此大的分歧:在此处宣称一种自然的规则和正确的理性,在彼处又宣称另一种;同一事物对某些人而言是善的,对另一些人而言是恶的;有些人承认一种不同的自然法,另一些人不承认任何自然法——但是,所

---

① 参照《理解论》,“导言”(*Essay*,Introduction),第一段。

② “文字”(Characters),“首要的观念”(primary notions),参见《理解论》(*Essay*),I. i. 1。

有人都认为它是含糊不清的。[1] 如果有人在这里宣称(正如我知道有些人所做的那样),[2]自然刻写在我们心中的这种法已经由于第一个人的堕落而被部分地抹掉了,或者被彻底地消除了(这是大多数人完全不知道的论据,他们甚至从来没有想过亚当和他的堕落),这种回答几乎无关乎哲学家,此外,它几乎完全没有切中要害,也没有解除任何疑惑。因为,既然他们认为这种原来刻写在人们心中的法被消除了,他们就必须承认以下两种情况中的一种:这种自然法要么已经部分丢失,那就是说它的某些戒律已经完全消失;要么所有戒律都已经丢失。如果只是某些戒律从人们的心中完全抹掉了,那么那些仍然刻写在那里的戒律在所有人中就或者都是相同的,或者是截然不同的。如果是相同的,那么世界上的所有人都将一致同意这些易知的戒律,但是这绝非我们所见到的情况。如果这些仍然留在人们灵魂之中的自然法是不同的,这些内在的印刻彼此不相一致,我在此就要问,既然自然之造化处处相同,那什么是造成这种不同的原因呢?进而,那种认为人们正是在那个第一原则上彼此不同的观点不是看似荒谬吗?再说,一旦承认自然的指示和行为的原则因人而异,人们又是怎么知道自然法和正直与德性的确定规则呢?但是,如果断言这种法虽原本被刻写,但后来已被彻底消除,那么我要问,我们探寻的那种自然法到底在哪里呢?当然,承认了这一点,就将没有自然

---

① Cf. Hobbes, *Leviathan*, pt. ii, ch. 26(ed. Pogson Smith, p. 212).

② 洛克此处可能是指圣奥古斯丁"堕落"之人的部分堕落学说(*De Civ. Dei*, xix. 13, and xxii. 24),以及加尔文(*Institutes*, II. i. 8—9)、路德和詹森教派信徒更悲观更严厉的堕落学说。也参照 Robert Sanderson, *De Obligatione Conscientiae*, 1647, iv. 24。

法，除非我们能找到一种不同于刻写的认知方式。

[3]如果这种法是刻写在人们心灵之中的，那么小孩、文盲以及那些被认为是按照自然而生活的没有制度、法律和知识的蛮族怎么不能最好地知道以及理解这种法呢？他们既没有受到可能使人分心的外界观念的影响，也没有借用源自其他地方的可能会腐化、遮蔽或破坏自然指示的观念。他们除了自己没有其他老师，除了自然没有其他指导。如果自然法刻写在人们心中，就该相信它将在这些人中无缺无损地被发现。[①] 但是，任何人只要咨诸新老世界的人或环球旅行者的叙述就将轻易地发现，这些人的道德离德性有多远，他们对于任何人类的情感来说有多么陌生，因为没有其他地方有如此虚伪的诚实、如此众多的奸诈、如此恐怖的残忍，以及通过杀人和奉献亲属的鲜血向他们的诸神祭祀的习俗。没有人会相信自然法在这些原始未开化的部落中得到了最好的认知和奉行，因为他们多数人并没有表现出虔敬、仁厚、忠诚、贞洁和其他德性的轻微痕迹，而是将他们的生命可耻地花费在抢劫、偷窃、放荡和谋杀之上。因此，如果那些除了自然本身没有其他指导的人——自然的指令在他们中间最少受到道德习俗的败坏——不知道任何法律而活着，就像他们完全不需要正直和善良的原则似的，那么自然法看来并不刻写在人们心中。

我承认，在由教育和道德指导所教化的更文明的人中间，存在某些确定无疑的道德观点，然而，尽管他们可能将之认作自然

① Cf. Culverwel, *Discourse of the Light of Nature*, ch. x, pp. 118－119 (ed. Brown, 1857)，引自 Salmasius's *De Coma*。

法，并且相信它们是由自然刻写在他们心中的，我却绝不认为它们源于自然，而认定它们出自某些其他源泉。尽管他们可能是自然法的某些戒律，但是它们不是从自然而是从人那里学到的。这些我们如此坚定信奉的有关正直和善良的意见，在我们还幼小的年龄，在我们能对它们作出判断或观察它们怎么潜移默化之前，大部分就流进了我们不设防的心灵。它们由我们的父母、老师或其他和我们生活在一起的人反复教导，因为他们相信此类意见有助于良好生活方式的形成，可能他们自己就在同样的方式中被教以同样的意见，从而想要向孩子们依然稚嫩的心灵灌输同样的意见，他们认为这种意见是良好而幸福的生活所必需的。实际上，在这件事情上最谨慎最热切的是那些认为来生的全部幸福都依赖于开始时所建立的道德基础的人。最终，因为这些意见在我们没有注意或很少留心的时候就以这种方式潜入我们的心灵，我们既不知道它们如何也不知道何时就在我们心中生根了；也因为它们借助我们交往的那些人的普遍同意和赞扬而加强了权威，所以，我们认为我们必须得出结论：既然我们没有看到其他源泉，那么它们就是由神和自然刻写在我们心中的。既然我们在日常实践中坚定地树立了这些意见作为生活的规则，那么如果我们质疑它们表达了自然法，就将既悔恨于过去的生活又茫然于未来的生活。因为，如果我们至此为止所奉行的法则不是自然法，那么必然得出结论：我们至此为止生活得糟糕而没有理性。正因为如此，我们尽可能坚定地接受那些幼年时被别人灌输的意见，更高地评价它们，固执地相信它们，不能忍受任何人质疑它们。因而，我们称它们为原则，不允许我们自己质疑它们或者其他人挑战它们（因为我们认为它们是第一原则）。由此可见，显然存在很多可能被人认为是由自然刻写在他心中而实际上却另有起源的东西，不能仅仅由于我们热切地相信某种东西，并将其作为原则来珍爱，就推论说它就是由自然刻写在我们心中的自然法，尽管我们并不知道它的源泉。

[4]如果说这种自然法刻写在我们心中，那么既然这种法被认为直接印刻在灵魂自身之上，几乎无关乎身体器官的组织和结构，[①]何以愚人和疯子没有它的知识？而这恰恰被认为是智者和愚人之间仅有的差别。

[5]如果这种法刻写在我们心中，将不得不推出结论说，和实践的原则一样，思辨的原则也被刻写在那里，但这似乎难以证明。因为，如果我们试着探寻那条诸科学之中首要的最著名的原则（亦即，同一事物不可能同时存在而又不存在），就将容易[②]发现这一原则并没有作为公理被自然刻写在我们心中，也没有被任何人在学自他人或通过归纳和观察细节从而自己证明之前认为它理所当然，后者是建立公理的正当方式。[③] 因此，在我看来，自然没有将实践的或思辨的原则刻写在人们心中。

---

① 从 cum 到 corporis 拉丁文句子的构造有点含糊；如果对照洛克在 *Essay*，I. i. 27（Fraser's ed. i. 61）中的一个相似段落，该从句可译作："既然（正如他们所说）这些原则正是在灵魂自身之上直接印刻着，几乎无关于身体器官的组织和结构。"

② 1690 年《理解论》（*Essay*）第一卷的整个第一章都在捍卫这个论断。

③ 参照 *Essay*，IV，vii. 9－11，xii. 3。不过，洛克在 *Essay* 的第四卷中区分了经验的概括和自明的真理。逻辑原则被解释为归纳的真理或经验的假设，这被 J. S. Mill 和其他经验主义者所接受。洛克在这个段落中可能受到 Culverwel 的影响，*Discourse of the Light of Nature*，ch. xi，pp. 125－127（ed. Brown，1857）。

四、理性能够通过感觉经验获得自然法的知识吗？是

以上我们已经证明自然法能够通过自然之光被认知。这种自然之光其实是我们进入人生旅程时仅有的指导，在纷繁复杂的义务中，一边避开罪恶的险途，一边避开错误的小径，引导我们走向德性和幸福的高峰，那既是神邀请我们去的地方，也是自然趋向的地方。既然我说这种光藏在黑暗之中，比之于它导向何处，似乎更难以知道它是什么，那么也就值得我们花费辛劳驱散黑暗，而不再盲目地站在那阳光之下。确实，我们不仅应该像动物那样为了生活的需要来利用这种光，而且应该更深地探究这种光是什么以及它的本质和源泉。但是，既然正如在其他地方已经表明的那样，[①]这种自然之光既不是来自传统，也不是自然写在我们心中的内在的行为原则，那么除了理性和感觉就没有东西能够被称作自然之光了。因为似乎只有这两种能力能够指导和改进人的心灵，显示光的特性，它们使原本全然不知和藏于黑暗之中的事物显现，从而能够为其所知。只要这两种能力相互帮助，一方面，感觉为理性准备具体的感性事物的观念，提供讨论的题材，另一方面，理性指导感觉能力，整理源自感觉的事物印象，然后形成其他新印象，那么就没有什么事物会如此含糊，如此隐蔽，如此远

① 《论文》第二、三篇。

离所有可能的感觉经验,以至于即使心灵以其无限的能力且在这些官能的帮助下还不能借助反省和推理加以把握。但是,离开两者之一,另一个显然就毫无用处。一方面如果我们仅有感觉的驱动而没有理性,我们几乎不能达到野兽的水平,猪、猿和很多四足动物在感觉的敏锐性上都远远超过人。另一方面,没有感觉的帮助和支持,理性能够得到的东西不比在关紧的窗子后面的黑暗之中工作的人能够得到的更多。[1] 除非事物的观念能够从外界贯穿心灵,否则如果没有用于推理的材料,心灵就像缺少石头、木材、沙子等建筑材料的工程师,无法建造出理想的建筑物。

我们在此所理解的理性不是某些行为原则,也不是储存在心灵中的任何命题——只要我们生活中的行为与之紧相符合,就被说成符合正确的理性;因为此种理性就是已被认知的自然法本身,而不是自然法得以被认知的方式或自然之光,它只是理性的对象,而不是理性自身。也就是说,它是理性寻找和追求的那些真理,它们对于生活的指导和品性的形成是必要的。与此相反,理性在此被用来表示心灵的推理能力,它以明确而固定的命题次序从可知推展到未知,从一事物推展到另一事物。人类正是借助这种理性获得自然法的知识。然而,理性高举至天的这种知识全部建立在感觉对象的基础上,因为感觉为讨论提供了全部的材料,并将其引入心灵深处。实际上,每一种论证总是从已经知道

① Cf. here Culverwel, *Discourse of the Light of Nature*, ch. xi, pp. 125 – 127 (ed. Brown, 1857),谈及亚里士多德的 *tabula rasa* 学说和"感觉的窗户"。这个比喻在 1671 年《理解论》的手稿(ed. Rand, 1931, p. 84)和《理解论》本身(II. xi, 17)中被采用。

和已经假定的东西进行推展，[1]若没有某种已经确立和理解的真理，心灵就不能进行讨论和推理，正如即使是敏捷的四足动物，若在脚下没有某种稳定支撑也无法移动或行进。我承认理性在数学知识中发现和探究的事物令人惊叹，但是它们全依赖于一条线段、一个平面，或者以体为基础。其实，数学设定了这些运算对象以及作为数据的其他一般原则和公理，[2]而没有发现它们并证明它们为真。理性显然也利用相同的方式传布和处理其他原则。在修饰和完善中，理性揭示和公布的发现甚至是那些它自己也大为惊奇的、陌生的、美妙的、高贵的事物。如果审查每一门思辨科学，没有一门其中没有如下事物：它们永远作为前设和既予之物，以派生的方式出自感觉。心灵中的每一构想，如同身体一样，总是出自某种既存质料，理性也以相同的方式在道德和实践科学中要求某些既予的事物。但是，为了知道感觉和理性在相互帮助时怎么能够将我们导向自然法的知识，必须先设定某些前提，在任何法的知识中都必须如此预设：首先，为了让任何人都能明白他受到法的约束，他必须预先知道存在一位立法者，即某种他理当服从的至上的权力。其次，我们也必须知道，在我们必须做的事情方面，存在至上权力的某种意志，亦即，那个立法者——无论他可能被证明是谁——希望我们去做这件事而避免那件事，要求我

---

① Cf. Aristotle, *Nic. Ethics*, bk. i, ch. 4, 1095a30 sq.; cf. Also bk. vi, ch. 3, 1139b26 sq., and *An. Post.*, bk. i, chs. 1—2, 71a1 sq.; also *Met.* A. 9, 992b30; the scholastic rule (to which Locke refers and objects in his *Essay*, IV. vii. 8) that all reasonings are *ex praecognitis et praeconcessis* made all knowledge depend on maxims.

② Cf. Aristotle, *Topics*, bk. vi, ch. 4, 141b5 sqq.; *An. Post.*, bk. i, ch. 18. "principium"（希腊语 αρχη）此处可能是非常常见的含义，意为"起点"（starting—point）。

们的生活行为符合他的意志。下面将表明，为了让我们知道自然法知识所必需的这两个前提，感觉贡献了什么，理性做了什么。

[1]那么，首先我们说，感觉证明在自然世界中存在可感知的事物，亦即，确实存在物体及其状态：轻和重，热和冷，颜色和其他可感觉的性质①，它们都能以某种方式追溯到运动；②这个可见的世界是以奇妙的技艺和秩序构造的，我们人类也是其中一部分。我们肯定看到星辰恒转，百川归海，四季轮换，所有这些乃至几乎无限的其他事物都源自感觉。

其次，我们说，心灵更仔细地考查了为感觉所展现的这个世界的构造，并在思考了其外貌、秩序、设置和运动之后，③进而探究它们的起源，找出原因是什么，以及谁是此件杰作的创作者。毫无疑问，它不可能在不经意间造成，而且碰巧造得恰到好处，完美无缺。由此可以确定无疑地推论出，必然存在某位有权力且充满智慧的万物创造者，他创作和构建了整个宇宙，以及其中并非最微不足道的部分的我们。因为，一方面，其他一切无生命物和野兽确乎不能创造远比它们完美的人类；另一方面，人也不能创造自身，我们显然不能把我们的起源归于我们自身。这不仅是因为没有任何事物是它自己的起因——如果我们愿意承认神，这一公理并不阻碍我们相信存在某种不依赖于其他事物的事物——而

① 在1671年《理解论》手稿A(ed. Aaron and Gibb,1936,p. 8,n. 1)中，洛克解释说“我把性质的意思理解为在我心中任何简单观念的原因”(参照洛克在手稿A末尾更详细的解释，Draft A,p. 73)。

② Cf. *Essay*,II. viii. 11－12.

③ 此处提出的上帝存在的证明结合了运动论证和设计论证，下面几行之后又增添了人类学论证。

且因为人并未在自身中找到他的心灵所能设想的所有那些完美。因为(暂且不论关于所有事物的完美知识和凌驾于自然事物之上的权力)如果人是自己的创作者,可以赋予自己以存在,既然可以将他自己带入这个世界,那么他也就能赋予自己永生。因为设想不到有任何事物会对自己如此有敌意、如此不友好,尽管能够赋予自己存在,却不愿去保存它,或者当短暂的生命旅程结束的时候,愿意舍弃它;如果没有生命,那么所有其他珍贵的、有用的、惬意的和幸运的事物都将烟消云散。保存某种事物当然比创造某种事物所需力量更小,或至少只需要相当的力量,[①]无论是谁,若能在任一时刻命令某事物进入存在,他就能够在任一时刻阻止它灭亡。一旦这些[结论]以此种方式成立,就必然可以推知,在我们之上存在一位更有权力更有智慧的创造者,他能够随其所愿地创造我们,保存我们,甚至毁灭我们。因此,一旦从感觉所提供的证据推得这些[结论],理性就告知我们:必然存在某种我们都必须服从的至上的权力,亦即神,也就是说,他对我们拥有一种公正而不可避免的命令权力,能够任意地举起我们,摔落我们,或通过同样的命令权力使我们幸福或悲惨。既然他亲自以奇妙的技艺创造了灵魂和身体,彻底地探察了两者的能力和力量,以及它们隐秘的组织和本性,他就能用忧虑和喜悦注满灵魂,以痛苦和快乐搅扰身体,他也能将两者提升到幸运之巅,或推向悲惨和折磨之深渊。因而,显而易见,理性借助感觉指明的道路能够将我们

① 这个人类学论证的全貌参见 Descartes, *Meditation III* (The Philosophical Works of Descartes, ed. Haldane and Ross, i. 168)。

引向立法者的知识或者某种我们必须服从的至上权力的知识，这对任何法的知识来说都是首要的东西。

当然，我承认有些人试图从良心的见证[1]出发去证明，存在一种主宰这个世界的神圣权力，也有一些人试图从看似内在于我们心中的神的观念[2]出发去证明它的存在。其中任何一种论证方式都确实可以证明神的存在，即便(这可能将向任何更仔细地考虑这一情形的人清楚地展现)两种论证方式都没有从我们天生的能力，亦即从感觉和理性——理性在可感知事物上活动，然后运用各方面的论证加以推演——当中获得它的全部力量。不过，正如以上所表明的那样，人只要同时运用感觉和理性就能够获得某种至上权力的知识，这足以确证我们论证的真理。我此刻暂且不谈可能提出的正当合理的质疑——神的观念是否自然地存在于所有人之中，因为，正如国外的旅行者们的旅行记录所证实的那样，在这个世界上存在着某些完全不承认神圣权力的民族。然而，没有一个地方的民族如此野蛮，如此背离人性，以至于不喜欢使用感觉，运用理性和论证能力战胜野兽，尽管他们可能尚未通过训练来充分完善这些天生的能力。事实上，所有人在每一个地方都因自然而充分地准备好去在神的作品中发现神，只要他们不忽视这些天生的能力，不拒绝追随自然的引导。因此，人们显然能够从感觉推出存在某种有权力且有智慧的存在，享有高于他们的权

① 出自良心的论证的说明，参见 Calvin，*Institutes*，bk. i，ch. 3；Henry More，*An Antidote against Atheisme*，1653，ch. x，pp. 29－31。

② Cf. Descartes，*Meditation V*(ed. Haldane and Ross，i. 180 f.)；Henry More，*An Antidote against Atheisme*，1653，chs. viii－ix.

利和权力;因为谁会否认黏土服从于陶工的意志,即一件陶器能够被塑造它的同一双手毁坏呢?

[2]既然从感觉的证据必然得出存在所有这些事物的某个创造者,就必须不仅承认他是有权力的,而且是有智慧的,由此进一步得出,他不是随意而无目的地制造这个世界,因为没有固定目标的创作与如此伟大的智慧是相违背的。其实,人既然觉察到他有一颗敏锐而聪明的心灵,配有理性和知识,多才多艺,能够应变万事,除此之外,还有一个敏捷的身体,能够根据心灵的命令轻而易举地移动到此处或彼处,人就不可能相信:他被最具智慧的创造者赋予所有这些行动的配备,是为了让他无所作为;他被赐予所有这些能力,是为了让他更好地懒散度日。因此,神显然要人有所作为,这是任何一种法的知识其次需要的(相对于首要),亦即,至上权力的意志关乎我们要做什么,亦即神想要我们有所作为。

我们要做的是什么,可以部分地从所有事物的目的和意图推得,因为它们源自神圣的命令,是最完美和最具智慧的创造者的作品,它们似乎由他命定,除了他自己的荣耀没有任何其他目的,所有事物都应该与此相关。我们也能够部分地从人自身的构造和能力的配备推得我们义务的原则和确定的规则,既然人不是被偶然创造的,不是被赋予这些既能够使用又必须使用的能力而不做任何事情,他的职责就似乎是自然为他准备好并需要他去做的。也就是说,既然他在自身中发现感觉和理性,他就会倾向于并准备着去沉思神的作品和它们所展现的神的权力与智慧,然后向神供奉和呈上最配得上如此伟大如此仁慈的创造者的赞美、尊崇和荣耀。进而，他感到不仅被生命的需要和必需迫使着去形成和保持一种与其他人的联合，而且被某种自然的倾向驱策着进入社会，并准备通过语词的天赋和语言的交流保存这个社会。其实我在此无须强调他在何种程度上有义务保存自己，①既然他被一种内在的本能非常强烈地驱向这部分义务，没有人会不照顾自己或否弃自己。在这件事情上，所有人都可能比他们应该在意的更加在意，无须我在此多加劝告。不过，有关人对神、邻居和自己的义务这三件事情我可能将在其他地方逐一讨论。②

五、自然法能够从人们普遍的同意③被认知吗？ 否

“人民的呼声就是神的声音。”当然，我们已经从最不幸的经验④中学到，这一格言是多么可疑、多么虚妄、多么可能产生罪恶，这一不吉的格言后来在平民中已经激起多么巨大的党派狂热和多么残酷的意图。实际上，要是我们将这个声音视同神法的预示，我们几乎完全不会相信存在任何神。有什么如此可恶、如此

① 按照圣托马斯·阿奎那的说法，保存自己，知晓关于神的真理，生活于社会之中，是自然法的主要戒律。*Summa Theol*. Ia IIae，q. 94，art. 2。

② 《论文》第七篇部分地完成了这个任务。Gabriel Towerson 讨论了洛克提到的这三种义务，参见 *Explication of the Decalogue*，1676，discourse i，pp. 3—4。

③ 洛克在《理解论》(*Essay*)第一卷第一章中谈及普遍和一般的同意或赞同；因此，我在这篇论文中始终更喜欢用“普遍的同意”(general consent)而不是用“共识”(consensus)来表示拉丁文 consensus。

④ 亦即英国内战及其后果。

邪恶、如此对立于每一种市民法和神法的事情，或者毋宁说是阴谋，得到狂热的群众的普遍同意，不时去鼓吹的？我们知道，在这个声音的驱策下，神庙被劫掠，无耻和邪恶被强化，法律被践踏，王国被颠覆。当然，如果这个声音是神的声音，它显然对立于他借以从无中创造世界并配以秩序的原初法令；神不曾以此种方式对人说过，除非他希望将一切事物再次抛入混乱，重归混沌。因此，我们无法在人们的普遍同意中寻找理性的指示和自然的命令。①

但是人们的普遍同意能够以不同的方式加以考虑，首先，它可以分为：[1]实定的同意，[2]自然的同意。

[1]我们所谓的实定的同意源于契约。有的源于默认的契约，亦即，由人们共同的需要和便利促成的，比如使节的自由通行②、自由市场，以及其他此类事物；有的源于明确表达的契约，比如邻国之间确立的边界，禁止进口和出口某种货物，以及许多其他此类协议。两种普遍同意的形式都没有证明自然法的存在，因为两者都完全基于契约，而非源于任何自然法原则。举个例子来说，几乎在所有民族中都遵守的使节自由通行的协议显然是实定的，但这并不意味着存在自然法，因为按照自然法，所有人都应该

---

① Grotius(*De Jure Belli ac Pacis*,lib. i,c. 1,sect. 12)，以及 Culverwel 追随他(*Discourse of the Light of Nature*,ch. x)提到人们的普遍同意可作为自然法存在的后天论证。

② 这是霍布斯提出的第十五条自然法(*Leviathan*,pt. i,ch. 15,p. 119,ed. Pogson Smith)"所有为和平而斡旋的人被允许安全地行动"。Cf. also Grotius,*De Jure Belli ac Pacis*,lib. ii,c. 18,and Pufendorf,*Elementa Jurisprudentiae Universalis*,lib. 1,Def. xiii,par. 26。洛克稍后在这个章节中似乎追随 Pufendorf 提出的论证(ibid.,Def. iii,par. 5)，但是他关于国际法的观点和 Pufendorf(ibid.,Def. xiii,par. 24)与霍布斯的观点有着重要的区别。

是朋友，他们被共同的需要结合在一起，除非如某些人所主张的那样，在自然状态之中存在着普遍的战争，在人们之中存在着永久的致命的仇恨。但是，无论你选择这种情况还是那种情况，无论你是否认为人们彼此为仇或彼此为友，自然法还是不能给出理由来解释——为什么使节在外国人中拥有比任何私人公民更安全的通道或更重要的地位。除非这是源于人们默认的协议，是出于一种必须，比如，由于一个人的抗议而不是许多人公然的暴力，人们就能够收回被不公正地从他们那里取走的所有物。但是，显然自然法同样地禁止我们毫无理由地冒犯和伤害任何一个私人或使节，不过我们需承认，如果假定存在此类契约，伤害使节的罪行比伤害私人的罪行更严重，因为前者的罪行是双重的，这是由于他在侵犯使节时不仅犯下了罪恶还破坏了协议。[①] 因此，尽管一个身处国外的使节被认为比一般人更加不可侵犯，但是这一规则不是由自然法规定的，因为这种法既不假定也不允许人们彼此加剧仇恨，分裂为敌对的国家。事实上，我们所称的实定的协议在其他事情上并非普遍适用于所有民族。一个协议可能在欧洲邻近国家中被认为正当，并被普遍确立，却完全被亚洲和美洲的其他民族忽视，被认为毫无价值。这些民族并不认为自己受相同的法律约束，他们与我们远隔重山，不熟悉我们的规矩和信念。因此，所有这种起源于契约的普遍同意不能证明自然法，而更应称为万民法（the law of nations, jus gentium），因为它不是由自然法命令的，而是由共同的利益促使人们建立的。

---

① Cf. Suarez, *Tractatus de Legibus ac Deo Legislatore*, 1613, lib. ii, c. 19.7, p. 128.

[2]自然的同意，即人们由于某种自然本能的引导而非任何契约的介入所达成的协议，可能有三类：

[i]在习惯或行为中的[同意]，亦即，在人们的道德行为和社会生活实践中所发现的一致性。

[ii]在人们以不同方式表示赞同的意见中的[同意]，有些坚固而持久，另一些则脆弱而不可靠。

[iii]在第一原则中的[同意]，诸如明确地从有识之士那里得到的现成的同意，任何理智健全的人在理解其术语之后，都不会怀疑其真理性。

（在我看来，由这种普遍同意确立的所有原则自身都似乎内含某种明显的矛盾，比如那个著名的例子——同一事物不可能既存在而又不存在，或者那些显然同义反复的命题。）①

那么，对于[i]首先我们说，道德事务中的普遍同意绝不能证明自然法。因为，如果正当和守法是由人们的生活方式决定的，道德上的正直和完善将为此而灭。如果根据大多数人的所作所为来为我们立法，那么什么样的邪恶将不被允许或得以避免呢？如果我们跟随大多数人的道路，那么自然法将把我们误引向什么样的耻辱、罪恶以及各种令人羞愧的事情呢？实际上，在更加文明的民族中，有多少人在被所有人承认并认可的明确的法律约束下成长啊！谁不是通过自己的生活方式允许罪恶存在，并且频频

① 这是洛克删除的段落，在这一段中洛克看来又借用了 Culverwel 的 *Discourse of the Light of Nature*，ch. xi，p. 127（ed. Brown，1857）。矛盾律成为洛克在 1690 年《理解论》第一卷中关于获取自明真理的常用例子，洛克为了说明自明真理的性质而举的更多例子，参照《理解论》，I. i. 18，and IV. viii. 4。

通过坏榜样教唆误导他人？谁的频繁过失不是数不胜数呢？不仅如此，现在每一种邪恶都在人们中间丛生滋长，蔓延到全世界，与所有的事物交织在一起。人们在过去多种多样的道德败坏和罪恶中已经显示了如此巨大的才智，以至于没有留给子孙后代进一步发明或添加的余地，任何人都不可能犯下任何没有先例的罪恶。最终，如果任何人想要通过人们行为的此种一致性来判断道德的正直，然后推出自然法，那么他就无异于费力不讨好地遵照理性去扮演一个傻子。因此，没有人试图将自然法建立在人与人之间此种最不幸的同意之上。不过，可能有人认为，自然法不是从人们的行为推出来的，而是从他们思维的内在方式推出来的，我们应该审查的不是他们的生活而是他们的灵魂，因为正是在那里印刻着自然的戒律、道德规则，以及那些人们的行为无法败坏的原则。既然这些原则在我们每个人身上都是相同的，它们除了神和自然就没有其他作者。因此之故，这种内在法律的存在常常被罪恶所否认，却被人们的良心所认可，那些人错误地行动，却正确地思考。现在，让我们进而讨论我们希望将在人们的意见中发现的普遍同意。

对于[ii]，我们说：[a]在人们之中不存在有关道德的普遍而共同的同意；[b]即使在世界上所有人之中确实存在有关义务行为的不变的一致的同意，也仍然不能从中推出自然法或者让人们确定地知道自然法。

那么，首先，人们之间不存在就道德正直达成的普遍同意。在此，在涉及细节之前，我要简要指出，几乎没有任何罪恶、任何对自然法之违背和任何道德过失，对于任何研究世界历史和观察人类行为的人来说，不是昭然若揭的，它们不仅在世界上某些地方私下里发生过，甚至还被公共的权威和习俗所认可。没有任何事情的本性如此令人羞耻，以至于不曾在某个地方被宗教圣神化，或者不曾被认作美德而大肆歌颂。因此，既然他们相信通过此类行为可以虔诚地祭拜诸神或者使他们自己变得神圣，那就显然可知人们在这件事情上的想法。我在此不准备谈论各民族不同的宗教，它们有一些在礼仪上是荒谬的，也有一些在仪式上是傲慢的且就礼拜本身而言是不敬的，以至于其他民族畏怖它们的称号（认为那些民族是用活祭举行神圣仪式），因为它们如此悖离自然法本身。再说一次，我对所有这些将避而不谈，因为我们必须相信，宗教与其说是通过自然之光而为人所知，不如说是通过神圣的启示而为人所知。但是，如果我们审查每一类德性和罪恶——没有人会怀疑这种分类即真实的自然法——显而易见，其中无一不是人们在公共权威和习俗的巩固下形成的不同意见。因此，如果人们的普遍同意被当作道德规则，那么，要么根本没有自然法，要么它随处可变，一件事情在某一个地方是道德上的善好，而在另一个地方则是罪过，且罪恶本身将成为义务。但是，没有人会秉持这样的观点。因为当人们被流行的意见所引导，根据他们国家的道德实践（尽管其他人可能不是毫无理由地视之为错误和邪恶）做这事做那事的时候，他们不但不会认为他们逾越了自然法，反而认为遵守了它。他们既没有感到良心的痛苦，也没有感到那种通常惩罚和困扰着罪犯的内在的精神折磨，因为他们相信自己的行为，无论是什么，都不仅合乎法律而且值得赞美。由此出发，显然不仅可以推知人们的道德是什么，而且可以推知人们对那些道德的看法。

当我们从可信的作家们那里得知，所有民族都是明目张胆的海盗和劫匪，我们又将如何相信所谓的人们的正义观念，亦即那首要的自然法加诸每个社会的约束呢？狄迪莫斯(Didymus)在荷马作品的旁注中说："海盗行径在古代人中间不是恶名而是善誉。"在奥卢斯·盖里乌斯(Aulus Gellius)引用过的一段文字中，阿里斯托(Aristo)①坚持认为，"在古代埃及人中，任何种类的盗窃行为都合乎法律且免于惩罚，而这个种族的人们在技艺发明方面的才智和追求知识方面的机敏是众所周知的"。盖里乌斯自己也说："节制而勇敢的斯巴达人也是如此(这个证据在时间上不像埃及人的例子那么久远)，不仅如此，很多杰出的作家们断言，偷窃是合乎法律与习惯的。"甚至是被认为向全世界展示了德性之榜样的罗马人，如果不是通过抢劫和掠夺来蹂躏整个大地，又是以什么方式为他们自己获取声誉、成功、荣耀和不朽声名的呢？除此以外，那些被如此高度地赞赏和颂扬的德性，对他们而言还意味着什么——我是说，除强力和暴力之外，还是什么？并且，这种有害的正义观还没有消失，因为甚至直到如今大多数民族还正是根据抢劫、欺诈、压迫、突袭，根据他们凭借军队武力能够获取的战利品来赏罚与夺：所有这些被当作真正的光荣和将才的高度。他们也相信，正如他们设想的那样，正义是盲目的，由剑来武

① 图拉真(Trajan)时代的罗马法学家。

装。伽图(Cato)说:“私下的小偷在监狱和镣铐中了其余生;公开的大盗在黄金和紫袍下声名显赫。”

在亚述人中,妇女习惯于并被鼓励参加全裸的宴会,暴露于所有在场者面前;然而其他某些民族中,妇女公开参加社交活动是非法的,甚至戴面纱、露脸庞或见外人都不行,那么,还如何谈论娴静和贞洁?在有些民族之中,未婚少女放荡地生活是合法的,贞洁专属于已婚妇女,女性的情欲仅由婚姻约束;然而其他民族则将淫乱献给婚床,用情欲的火把点燃婚姻的火把,新娘躺在所有参加婚礼的客人中间,她的第一个晚上拥有像麦瑟琳娜(Messalina)那么多的奸夫。有些地方,君主拥有新娘的初夜权;另一些地方则为神父所拥有。据索利努斯(Solinus)说:“埃塞俄比亚的加拉曼特人(Garamantes)不知道私人婚姻,相反,所有人都可以建立乱交关系。”庞波尼乌斯·梅拉(Pomponius Mela)也证实了这种道德败坏。(诸神之母将由这种礼俗而得到安抚,就像正派的妇女因此将受到冒犯一样!)让我将一夫多妻制置而不谈吧!它在此处被视作一项权利,在彼处却被视作一种罪孽;在一个地方被法律所强令,在另一个地方却被死刑所严禁。

假如某个民族按照习俗成年后将杀死他们的父母,那么那里的孩子甚至比命运女神还要残酷,他们会夺走命运依然眷顾的生命。在那里,所有人不仅注定要死,而且预先被定下特定的死期,因此没有安稳的老年和缓慢衰老的岁月可以期待;在那里,每个人都是杀害父母的凶手,而这种行为被认为是孝敬的义务之一——那么,还能相信什么是对父母的义务?埃利安(Aelianus)

说:“在撒丁岛(Sardinia)有一种风俗,孩子们用棍子打死他们年迈的父亲,然后埋葬,这里的民族认为年老而苟活是错的。”他在同一个地方说,“德尔比斯人(Derbices)[1]杀死所有超过七十岁的人”,还有一些部落的人则没有对他们的孩子显示更多的关心,他们随意遗弃新生儿,似乎给予生命只是为了将它带走。另一些民族全然抛弃女婴,仿佛她是私生儿和畸形儿,还从邻居那里购换妻子,希望她们产下后嗣。由此可见,人类无视自然,甚至动物的灵魂中都已经确立下来约束它们的法律,而人类简直比野兽还要野蛮凶残。

不过,如果存在一种确立在所有人之中的最神圣的自然法,全人类似乎就会被某种自然本能和自我利益驱迫着去遵守它,那么这显然就是自我保存,因此某些人将此定为首要和基本的自然法。[2] 但事实上,基于传统生活方式的习俗和意见的力量如此束缚着人类,以至于让他们反对自己甚至对自己下狠手,就像别人急切地躲避死亡一般热切地追逐死亡。一些臣民不仅在他们的国王活着的时候崇拜和保卫他,而且跟着他走向死亡。而有些奴隶越过坟墓还在照看主人,想要在一个人人平等的天国尽到他们服从的义务。不只是男人们——人类之中更富精神的部分——有勇气去这么做,在印度人中,胆小柔弱的妇女也敢于藐视死亡,她们穿过熊熊烈焰和死亡之门,急着同已故的丈夫再度结合。她

① 古代亚洲民族,靠近里海。

② e. g. St. Thomas Aquinas, *Summa Theol*. Ia IIae, q. 94, art. 2, and also Hobbes, *Leviathan*, pt. i, ch. 14(ed. Pogson Smith, p. 99).

们仅让婚礼的火把熄灭于葬礼的柴火之上，宁愿在坟墓里面求得一个新婚的洞房，而不愿长守寡妇的睡榻和配偶的孝服。关于这个事实，曼德勒斯罗（Mandelslo）在新近出版的《奥利瑞斯游记》中自称是一个目击者。据他自己讲述，他见过一个年轻貌美的妇女在她的丈夫死后，不为亲友们的劝导、哀求和泪水所动，坚持自杀，最后，在不情愿地延迟了六个月之后，她在长官的允许之下，穿戴得像新娘一样，志得意满、面带欢颜地爬上市场中央的柴堆，兴高采烈地消殒在火焰之中。

罗列更多的事例将是冗长乏味的。既然人们在第一原则的事情上也那么迥然不同，甚至怀疑神和灵魂的不朽，那么，他们关于正当和善好的想法如此不同也就不足为怪了。即使神和灵魂不朽不是道德命题和自然法，但只要自然法存在，它们就还是必须加以设定。因为没有法律的制定者，就没有法律；而没有惩罚，法律就毫无意义。例如，巴西（Brazil）的某些民族和萨尔达尼亚港（Saldanha Bay）[①]的土著就完全不承认或崇拜神，正如那些认为这些地方值得一去的人所报道的那样。[②] 不过，即使从来没有人如此缺乏感觉，缺乏理性和人情，以至于心中无神，那么请问，多神论者的信仰又好到哪里去呢？希腊人、罗马人以及全部异教世界关于诸神的意见又是些什么东西呢？他们全都构想了很多神，而诸神像他们在特洛伊战争中那样相互厮杀，同样冷酷、偷窃和通奸，彼此纠缠不清。如果他们不能从诸如此类的神的意志中获

① 南非西南海岸的一个入口，位于开普敦北部。

② Cf. *Essay*, I. iii. 8(Fraser's ed. i. 97).

得他们义务的基础，这显然不足为奇。在每个人都为他自己捡选他中意的任何种类的神和礼拜仪式的地方，在诸神所生长的花园，在年年期待诸神赐予丰收的地方，在牛和狗接受神圣荣耀的地方，这里宗教将教导什么样的生活准则呢？这部分人关于神的这种普遍同意，对正确的道德基础毫无贡献又有什么奇怪呢？那么请问，这些人如果不是伪装的无神论者，又是些什么人呢？因为正如不可能没有神一样，不可能存在很多神，也不可能设想很多神。事实上，增加神的数量意味着取消神性。如果你诉诸更加文明的民族，[①]或者更加睿智的哲学家，你也将一无所获。对于犹太人来说，所有其他民族都是不洁的异教徒；而对于希腊人来说，所有其他民族都是野蛮人；艰苦朴素的斯巴达民族赞美偷窃，而罗马宗教则赞美献给朱庇特(Jupiter)的残酷祭祀。转而求助于哲学家们又有什么用呢？瓦罗(Varro)罗列了不下两百条有关至善的见解，而关于怎么实现幸福，也就是关于自然法的意见，却几乎没有。米洛斯(Melos)的狄阿格拉斯(Diagoras)，昔兰尼(Cyrene)的特奥多鲁斯(Theodorus)、普罗泰戈拉(Protagoras)，此类哲学家们也是臭名昭著的无神论者。

如果你想要请教那些自称为基督徒的人该怎么看待那些破

① Cf. Grotius, *De Jure Belli ac Pacis*, lib. i, c. 1, sect. 12, par. 1, and Culverwel, *Discourse of the Light of Nature*, ch. x, pp. 116 and 118(ed. Brown, 1857).

坏仁爱纽带的人，他们会教导你不要与异教徒恪守信约，[①]也就是说，不要与不承认主教的至高权力、不加入这个教会的人们恪守信约。他们走得如此之远，以至于或许认为跟他们自己的公民才恪守信约，而如果直接针对外国人，那么欺诈和奸伪就是可以容忍的。苏格拉底与伽图，作为希腊人和罗马人中最具智慧的人——更不用说其他人——又是何种人呢？他们允许其他人接近他们的婚床，他们把妻子借给朋友，让她们成为另一个男人的情欲的挑逗者。从所有这一切可知，自然法显然不能从人们的普遍同意中推出来。

其次，我们说，即使人们在某些意见方面存在普遍一致的同意，这种同意也不能证明这种意见就是一条自然法。因为每个人都必定不得不从自然的第一原则中去推知自然法，而不是从另一个人的信念中去推知自然法。此外，这种同意可能关乎同自然法无关的事物，比方说，即使所有人都赋予黄金比铅更高的价值，也不能说明这就是自然法的命令。即使所有人都追随波斯人（persians）的惯例，抛尸给狗吃，或者都仿效希腊人，焚化尸体，这也既不能证明此惯例或彼惯例是一条自然法，也不能证明它对人们有约束力，因为这种普遍同意绝不是产生责任的充分理由。诚然，

① 天主教学说的这一论点在十六世纪和十七世纪被广泛地讨论。Martinus Becanus，S. J.（*Manuale Controversiarum hujus Temporis*，lib. v，c. 15）力图表明天主教是由于一个荷兰加尔文主义者的诬蔑才被指控教导不与异教徒恪守信约。此处洛克的资料来源可能是 R. Sanderson 的 *De Juramenti Promissorii Obligatione*，1646，iv. 8（ed. 1686，p. 70）. Cf. also Marlowe，*The Jew of Malta*，II. iii. 312；2 Tamburlaine，II，i. 33f.；also an entry in Locke's Journal for 1676（MS. Locke f. I，p. 46），his *Essay concerning Toleration*（in *Fox Bourne's Life*，i. 188），and his *Letter concerning Toleration*（ed. Gough，1946，p. 155）。

这种普遍同意可能暗示了一条自然法，但是它不能给予证明；它可能让我更热烈地信奉这种意见是一条自然法，但不能让我更确定地知道它是一条自然法。我永远不可能确定无疑地知道这[①]是否真是每个人的意见。那将是信念的问题，而不是知识的问题。因为(1)如果我在弄清这种普遍同意的事实之前就在我自己的心中发现了这种意见，那么这种普遍同意的知识并不能向我证明我已经从自然法那里知道的东西；而(2)如果直到我第一次弄清在人们中间存在这种普遍同意的时候，我还是不能确信它真的就是我自己心中的意见，那么我也能合理地质疑它会不会是其他人的意见；因为不可能向所有其他人提出连我自己都感到缺乏的一个理由来解释某事物何以应该符合自然。其实，那些想法相似的人知道某事物善好并不是因为他们想法相似，毋宁说，他们想法相似是因为他们都从自然的原则出发知道某事物善好。确实，知识先于普遍的同意，否则的话，同一事物将既是原因又是结果，所有人的同意将是导致所有人的同意的原因，这显然是荒唐可笑的。[②]

[iii]最后，我不必多谈第三种普遍同意，亦即对第一原则的同意，因为思辨的原则不属于当下讨论的范围，并且在任何一个方面都不影响道德事实。[③] 无论如何，从以上所述容易推断，关乎实践原则的人们的普遍同意的本质为何。

---

① 为了弄清洛克此处的论证，我将这一句中的 haec 和下一句中的 eandem 理解为“任何给定的意见”。

② 洛克在《理解论》(1700 年)第四版中添加了“论狂热”一章，发展了这一段的主要观点。

③ 洛克在 1671 年《理解论》的早期手稿中讨论了关于思辨原则的普遍同意问题，又在 1690 年《理解论》第一卷第一章中进行了更详细的讨论。

六、人们受自然法约束吗？ 是

既然有些人把全部自然法都归因于每个人的自我保存，而不再在比爱好和本能更强烈的东西中去寻求它的基础，每个人都凭着本能珍视自己，尽可能地增进他自己的安全和福利；既然每个人都感觉自己在自我保存方面足够积极上进，那就似乎值得我们花费劳力去探究自然法的约束力是什么，又是何等强大。如果这一法律的所有起源是自我关照和自我保存，那么德性就似乎与其说是人的义务不如说是他的利益，除了有用的东西，就没有任何东西是善好的；遵守这一法律，与其说是我们受自然约束的义务和责任，不如说是出于我们利己的特权和利益。因此，无论它什么时候要我们主张我们自己的权利，让自然法屈从于我们自己的偏好，我们当然就能毫无愧疚地轻视和逾越这一法律，尽管可能不是毫无损失。

然而，为了知道自然法怎么具有约束力，以及在何种程度上具有约束力，必须首先阐述有关责任的一些事实。法学家们以如下方式定义责任：它是一个人必须履行应行之事的法律约束。[①] 他们所谓的法律是指市民法。如果你把法律理解为那种你想要界定其责任的特定的法律，那么这个定义也就尽善尽美地描述了所有种类的责任。因此，我们在此必须把法律的约束理解为自然

① 洛克的定义几乎跟 Robert Sanderson 的完全相同，*De Juramenti Promissorii Obligatione*，1646，i. 11(ed. 1686，p. 12)。洛克在下一句中同样追随 Sanderson(loc. cit.，pp. 13—14)。

法的约束,因而一个人必须践履自然的责任,[①]也就是说,一个人必须履行从属于他的本性的理性赋予他的义务,或者,服从犯罪应得的刑罚。然而,为了知道这种法律约束的渊源在哪里,我们必须懂得,没有人能够强迫或约束我们去做任何事情,除非他对我们拥有权利和权力;事实上,当他命令他想要做什么或不想要做什么的时候,他只是在行使他的权利。因此,约束源自任何上级权威对我们以及我们的行为的命令,我们臣服于他到什么程度,我们就负有多少责任。但是,那种约束迫使我们践履我们的责任,这种责任由两个部分组成:

首先,恭顺服从的责任,[②]亦即任何人在上级权威的命令之下必须去做什么或不去做什么。因为当立法者的意志为我们所知,或者如此充分地传播,以至于除非我们自己有某种能力上的障碍,不然我们就必须在每件事情上都服从它、顺从它,这就是所谓恭顺服从的责任,亦即,让我们的行为符合强加其上的规则(上级权威的意志)。这种责任似乎部分地源于立法者的神圣智慧,部分地源于创造者对其造物的权利。因为,所有的责任最终都归于神,我们必须表明自己服从他的意志的权威,由于我们的存在和我们的作为都依赖于他的意志,既然我们已经从他那里接受了这

① 这个表达是 Culverwel 从 Suarez 那里借用来的(cf. *Discourse of the Light of Nature*, ch. vi, p. 77, ed. Brown, 1857)。

② 英译本 Robert Sanderson 的 *De Juramenti Promissorii Obligatione* 的 De Juramento (London, 1655, lect. I, sect. xii, p. 25), debitum officii 被理解为:"……人人都必须按照法律戒条行事的义务"。洛克对两种义务的区分源自 Sanderson。然而,按照他的法律的意志主义理论,他用 ex edicto superioris potestatis 代替 Sanderson 的 ex praecepto juris(*De Juramenti Promissorii Obligatione*, 1646, i. 12)。

些，我们就必须遵循他规定的限制，更何况，我们应该做取悦于他的事情，他是无所不知和最有智慧的，这么做是合乎理性的。

其次，接受惩罚的责任，①这源于未能恭顺地服从。因此，那些在正当的行为和道德的事务上拒绝理性引导和拒绝承认服从上级权威的人，被迫承认他们受强力和惩罚的约束，去服从权威，去感受那个他们拒绝遵从其意志的神的力量。这种责任的强力似乎基于立法者的权威，以便强迫那些不能为警告所动的人。然而，似乎并不是所有的责任都在于那种能够强迫违犯者和惩罚罪恶者的权力，并最终受其限制；毋宁说，它们在于某人对他人的权威和统治权。这要么凭借自然的权利和创造的权利，②正如当所有事物都正当地服从最先创作和保存他们的创造者那样；要么凭借赐予的权利，正如当拥有所有事物的神已经将他的部分统治权转让给某个人，比如授予最早出生的人——例如君主们——发布命令的权利的时候那样；要么凭借契约的权利，正如当某人自愿屈服于他人，服从他人的意志的时候那样。

事实上，所有责任都约束良心并束缚心灵自身，以至于并不是出于对惩罚的害怕，而是因为对权利的理性理解赋予我们责任，良心则由此来审判道德。如果我们对一件罪行感到内疚，这表明我们应受惩罚。诗人确实说得很对，"没有一个犯下罪行的人逃脱他自己的审判"。但是，如果只是出于害怕惩罚而履行责

① 在 Sanderson 著作的译本中，loc. cit.，debitum supplicii 被理解为："……人人如忽视其义务就必须按照法律戒条受罚。"

② 这个表达出现在 Calvin 的 *Institutes*，bk. i，ch. 2，par. 2。

任,那么事情显然将是另一副样子。任何人都易于自己了解以下这一点,当他作为俘虏而被迫服务于海盗的时候,具有一个服从的基础,而当他作为臣民而服从于统治者的时候,又具有另一个基础;前者,他将以某种方式决定不效忠于国王,而后者,他将以另一种方式故意违逆海盗或劫匪的命令。因为在后一种情况之下,出于良心的允许,他正当地只顾自己福祉;而在前一种情况之下,他将侵害他人的权利,并将为此而受到良心的谴责。

关于责任,必须进一步指出的是,有些事情是"有效"(effectively)约束,其他事情则只是"禁止"(terminatively)约束,亦即通过划定界限加以约束。[①] "有效"约束的事情是所有责任的首要原因,从中产生了责任的形式[②]因,也就是上级的意志。我们正是由于我们的统治者的意志而必须做某事。"禁止"约束的事情,或者说,通过划定界限加以约束的事情,规定了我们的责任或义务的方式和尺度,它只不过是那种意志的宣布,我们也将之称作法律。我们确实受至善至伟的神的约束,因为他想要那样,而他的意志的宣布界定了责任,也界定了我们服从的基础;因为我们除了立法者按照他的意志以某种方式宣布的东西以外别无其他约束。

此外,有些事情受到内在力量的自我约束,其他事情则受到外在权力的间接约束:[③]

---

① 洛克的这一区分还是来自 Sanderson(*De Obligatione Conscientiae*,1647,v. 5;Engl. tr.,1660,p. 153)。

② Cf. Culverwel,*Discourse of the Light of Nature*,pp. 45 and 77(ed. Brown,1857).

③ 这一区分参见 Sanderson,*De Obligatione Conscientiae*,1647,iv. 6(Engl. tr.,1660,pp. 110—111)。

(1)仅仅受制于内在力量的自我约束，其实就是神圣意志的约束。它或者能够通过自然之光而被获知，在这种情形下就是我们正在讨论的自然法；或者能够通过被圣灵充满的人或某种其他方式而被揭示，在这种情形下就是实定的神法。

(2)受制于委托给任何其他上级的权力的间接约束，那就是神圣意志要我们服从的国王或父亲的约束。这些立法者对其他人行使的所有统治权，既包括立法权，也包括强制其他人服从一种责任的权力，它们只源自神，我们之所以必须服从它们，是因为神想要我们如此，命令我们如此，因而我们服从它们就是服从神。情形就是如此，我们认为，自然法是针对所有人的首要的受制于内在力量的自我约束，我们将通过以下论证尽力证明这一点：

(i)因为这种法包括形成法律约束的所有必要条件。神是这种法的作者，他想要它成为我们道德生活的规则，并使它充分可知，因此任何愿意勤勉学习和关心它的人都能够理解它。其结果是，既然除施加命令和表达意志者的权威与正当权力之外，别无其他能施加一种责任，那么就没有人能够怀疑自然法约束人。

因为，首先，神是至高无上的，且对我们拥有此种权威和权力，而我们不能对自己行使这种权威和权力。我们把我们的身体、灵魂和生命——无论我们是什么，无论我们有什么，甚至无论我们能够成为什么[①]——都归功于他，并且只归功于他，我们当然就应该按照他的意志的戒律来生活。神从虚无之中创造了我们，只要他愿意，就将再次让我们归于虚无：因此，我们服从他是完全

① 这是回忆圣托马斯·阿奎那用过的短语，*Summa Theol*，Ia IIae，q. 21，art. 4，ad 3um。

正当的，也是极其必要的。

其次，这种法是这个全能的立法者的意志，通过自然之光和自然原则为我们所知；这种知识不可能对任何人隐瞒，除非他喜欢盲目和黑暗，抛弃自然，以便可以逃避他的义务。

(ii)如果自然法不约束人，那么实定的神法也不能约束人，并且没有人能维持它的存在。实际上，这两种情形下的责任，其基础是一样的，也就是至高无上的神的意志。这两种法律只是在颁布方式和获知方式上有所不同：我们凭借自然之光和自然原则确定地知道前者；我们凭借信仰领会后者。

(iii)如果自然法不约束人，那么任何人类的实定法也不能约束人。因为公民长官的法律是从自然法的约束力中获取其全部力量的，这当然是就大多数人而言。实际上，既然神圣启示的明确知识没有传达到他们那里，那么除了自然法，他们就没有既神圣且自身又具有约束力的其他法律了。故而，如果在他们中间废除自然法，也就同时在人类中间摒弃了全部政治体、所有权威、秩序和人与人之间的协作。我们不应该仅仅出于畏惧而服从一个国王，只是因为他更有权力，能够施以强迫，这实际上将坚固地建立暴君、劫匪和海盗的权威；而应该出于良心，因为一个国王凭借一定的权利而对我们施加命令，那就是说，因为自然法命令我们应该服从君主、立法者，或者无论你怎么称呼的上级。因此，市民法的约束力基于自然法，与其说我们迫于市民法的权力而服从长官，毋宁说我们是出于自然法[①]而服从。

---

① 莱登译本作 natural right，霍维兹译本作 the law of nature。——中译者注

七、自然法的约束力是永恒而普遍的吗? 是

全人类想法相似的唯一事情可能就是,人们关于自然法和他们的义务的基础歧见百出。事实上,即使大家都沉默不语,如此迥异的道德行为也昭昭在目。每个地方都可以遇到没有法律意识和没有道德正义的人,他们不仅限于私底下的一小撮人,而于所有民族中比比皆是。也有很多民族毫不内疚地忽视某些自然法的戒律,对于那些正当地思考并遵循自然而生活的人来说完全令人厌恶的罪行,他们不仅将其当作习俗,而且认为它值得鼓励和赞美。因此,在这些民族中间,偷窃是合乎法律并值得赞美的,没有任何良心的镣铐阻止劫匪们贪婪的双手制造暴行和侵害。另一些人则对道德败坏毫不羞耻,在一个地方没有诸神的庙宇和祭坛,在另一个地方它们又为人血所溅污。既然情形是这样,就可以正当地怀疑自然法是否约束全人类,人们变化多端,习惯于完全不同的制度,被截然相反的冲动所驱使;简直令人难以置信的是,自然的戒律如此含糊不清,以至于所有民族都对它的存在茫然不知。我们易于承认,有些人的心灵像视力一样天生就有缺陷,不知何去何从,因而需要向导;然而,谁会说所有民族都生来盲目,以至于所有民族和大多数人都对合乎自然的事情一无所知,或者说,进入人类心灵的光并非完全不同于黑暗,而是像 ignis fatuus(鬼火)那样用闪烁不定的微光将他们导向过失?这么说将是对自然的侮辱,因为我们在赞美她温柔的同时,将经受她最可

怕的暴虐。难道有过如此野蛮的残暴，自然在要求她的臣民遵守一项法律的同时，又对之加以隐瞒——他们将服从一个他们一无所知的意志？甚至是西西里人(Sicilian)的残暴[①]也不至于此。我们知道，德拉古(Draco)的法律是用鲜血写成的，但即便如此，它们也被写了下来，以便可被获知。自然作为万物之母当然不可能残暴到吩咐人类去服从一种她不曾教导和充分传播的法律。因此，似乎必须断定，要么有些地方没有自然法，要么有些民族至少不受其限制，因而自然法的约束力不是普遍的。

尽管有这些异议，我们还是坚持自然法的约束力是永恒而普遍的。[②]

我们已经证明这种法律是作为道德约束而制定的，现在必须讨论它实际上具有何种程度的约束。那么，我们首先认为，自然法的约束力是永久的，也就是说，一个人在任何时候违反这种法律戒条都不合法；这里没有间歇期，也没有农神节留给人们的自由放纵。这种法律的约束是永恒的，与人类的产生和灭亡相始相终。[③] 然而，这种永恒的约束力不必设想成：人们必须随时执行自然法命令的每一件事情。这显然不可能，因为一个人不可能同时完成不同的行为，他不能同时履行几种义务，正如一个身体不能同时出现在几个地方一样。既没有，也不可能有这样的时刻。当自然法命令人们或命令任何一个人去做某件事情的时候，他无须

---

① 可能是指阿格里真托(Agigentum)的僭主法拉里斯(Phalaris)。

② 参照西塞罗的自然法定义，*De Republica*，iii. 22(Lactantius, Inst. Div. vi. 8, 7 and 9)。

③ 这个概念是教会法的一部分，参见 *Decretum Gratiani*，dist. v, pras i, par. I, col. 7(ed. Friedberg, 1879)。

表明他的服从，在这个意义上，我们还是说，自然的约束力是永恒的。因此，这种约束力是持续不断的，尽管行为无须如此。自然法的约束力从不变化，尽管它规定我们服从之行为的时间和环境都经常变化。我们有时候可能根据自然法来停止行动，但是我们不能以行动来违反它。在生命之旅中，虽然有时允许休息，但是从来不许迷失。无论如何，关于自然法的约束力，必须指出以下几点：

(1)存在着我们永受约束的完全禁止的事情，正如经院学者们惯常说的那样，换句话说，一个人在任何时候都无权做任何此类事情而毫无罪过；比如偷盗、谋杀，以及其他诸如此类的行为。因此，强迫或欺骗一个人交出他的财产永远是一桩罪行，没有人能够毫无罪过地沾满他人的鲜血。我们必须永远杜绝诸如此类的行为。

(2)存在着自然法要我们保持的某种感情，比如敬神灵、顺父母、爱邻居，以及其他诸如此类的感情。我们也永远必须做到这些，一个人在任何时候都不可以抛弃这些心灵品性，或者趋向于那些跟自然法规定相反的品性。

(3)存在着要求公开表现的事情，比如公开敬拜神灵，安慰悲伤的邻居，救助困厄的人，施舍饥饿的人，我们在这些事情上不是一直都负有责任，而是只在特定的时间以特定的方式负有责任。我们无须对任何一人或在任何时间都提供庇护和食物，而只须在穷人于厄运中呼求我们援助并且我们的财产足以施加仁爱的时候这么做。

(4)最后,在某些情形之下,行为本身不是命令所致,而是境况所致。比如,在人们惯常的交往之中,在社交生活之中,谁必须与他的邻居交谈,或必须关心其他人的事情呢?当然不必如此。或语或默,并无危害。不过,如果一个人偶然想要跟另一个人交谈,自然法就无疑要求他的谈吐应直率友好,他应该说那些不伤害另一个人名誉和品质的事情。[①] 在此类情形中,行为的"内容"既不好也不坏,与此相伴的境况更富有决定性的作用。在此,我们不是绝对地受到约束,而是有条件地受到约束,[②]这有赖于我们的能力,托付于我们的明智,去决定是否承担此类我们负有责任的行为。在所有这些情形中,显然,自然法的约束力同样是永恒的;不过,我们的义务对我们的要求不是同样永恒的。在我提及的四种情形中,前面两种情形,我们必须总是实际地服从;而我提及的后面两种情形,我们同样总是必须去做那些我们不得不做的事情,但是这些事情仅仅不时地依次出现,且视地点、时间和境况而定,因此,行动有时候可能停止,责任却从不停止。

接下来,我们说自然法的约束力是普遍的,但不是由于任何自然法对每一个人都有约束力,因为这是不可能的。这种法的大多数戒条关系到人们之间多种多样的关系,并建立在这些关系之上。君主拥有很多特权,它们不授予平民;而臣民们以他们作为臣民的身份负有很多义务,它们不可能适用于国王。给士兵分派岗哨是将军的义务,而坚守它们则是士兵的义务;如果父母向孩

---

① Cf. S. Pufendorf, *Elementa Jurisprudentiae Universalis*, 1660, lib. II, obs. iv, par. 26.
② Op. cit., lib. I, def. xiii, par. 16.

子们恭敬谦卑地行礼就将不成其为父母。关于这些事情，我们不得不简短地写下如下观点：那些绝对的自然法戒条，一方面包括偷鸡摸狗、沉湎酒色、造谣中伤，另一方面包括我提到的宗教、仁爱、忠诚，以及其他诸如此类的品性，同等地约束世界上所有的人，既约束国王也约束臣民，既约束贵族也约束平民，既约束父母也约束孩子，既约束野蛮人也约束希腊人。没有民族或人类如此毫无人性，如此野蛮无礼，如此目无法纪，以至于不受这些法律的约束。但是那些关涉到人们多种多样的情况以及他们之间的各种关系的自然法令，则准确地根据私人或公共职责的要求恰如其分地来约束人们；一个国王的义务是一回事，一个臣民的义务是另一回事。每一个臣民都必须服从君主，但是不一定每一个人都是臣民，因为某些人生来就是国王。父亲的义务是抚养和教育他的孩子，但是没有人被强迫去做父亲。结果是，自然法的约束力处处相同，只有生活的境况各不相同。显然，臣民的义务在加拉曼特人与印第安人之中如同在雅典人或罗马人之中一样没有差别。①

根据这些设定，我们说，自然法的约束力在所有时代和整个世界都保持着它的力量，没有衰减，没有变化。因为，如果这种法不约束所有人，那么其原因要么是它根本没有向人类中的某些部分颁布过，要么是它已经被废除了。然而，两者都没法获得支持。

---

① 参照西塞罗在 *De Republica*，iii，22(Lactantius Inst. Div. vi. 8. 9)中的自然法定义。关于加拉曼特人，参见第 171 页(莱登原译本的页数，第五篇论文，参见本书第 234 页。——中译者注)。

因为，首先，不能说某些人生来就如此自由以至于他们一点儿也不必服从于这种法，因为这不是根据各种境况和当下便利而创制的一种私人的或实定的法律；毋宁说，它是经理性自我宣布而顽固地根植于人性之中的固定而永久的道德法则。因此，在这种法可能被改更或废除之前，人性必须被改变。实际上，在这两者之间存在一种和谐，[1]就理性而言，符合理性的本性的东西必须永远保持这种符合，同样的理性将在每个地方宣布同样的道德法则。因此，既然所有人根据自然是理性的，既然在这种法和理性的本性之间存在一种和谐，这种和谐就能通过自然之光被获知，因之，所有被赋予理性的本性的人，亦即，世界上所有人，都在道德上受这种法约束。因此，如果自然法至少约束某些人，那么它显然必定通过同样的光也约束所有人，因为责任的基础对所有人来说都是一样的，它被获知的方式和它的本性也一样。实际上，这种法不是依赖于变化不定的意志，而是依赖于事物的永恒秩序。因为对我而言，事物的某种本质特征似乎是永恒不变的，[2]某种义务源自必然，不可替代。而这并不是因为自然或（更确切地说）神不可以创造不同于我们的人种，而是因为，既然人已经如其所是地被创造，具备理性以及其他能力，且注定以此种方式生活，

① 法律和人的理性之间的“和谐”（harmony）或“符合”（conformity、convenientia、congruentia）的观念，早已被西塞罗（*De Rep*. iii. 22）和其他古代作家指出来，又出现在 Gabriel Vasquez、Suarez、Grotius（*De Jure Belli ac Pacis*，lib. i，c，1，x. 1 和 xii，1）和 Sanderson（*De Obligatione Conscientiae*，iv. 24）那里。洛克可能是从 Culverwel（*Discourse of the Light of Nature*，ch. Vi，pp. 71—77，ed. Brown，1857）那里得到这个观念的。

② Cf. ibid. p. 77，在注 4 中参看短语 essentiae rerum sunt immutabiles。

就必定因此而履行某些明确的义务，除此以外，别无可能。[①] 实际上，对我而言，似乎恰如从一个三角形的本性得出——如果它是一个三角形的话——它的三个角之和等于两个直角那样，从人的本性必然得出——如果他是一个人的话——他必须热爱和崇敬神，也必须履行其他合乎理性的本性的事情，亦即遵守自然法，尽管可能有太多的人如此懒惰和粗心，以至于未曾注意到他们对这两个本应清楚明白得无以复加的真理毫无所知。因此，没人能够怀疑这种法约束所有人，对于一个人来说，显然也由此……[②]

其次，这种自然的义务将永远不可废除；人类不能改变这种法，[③]他们臣服于它，随其所愿地废除法律绝不是臣民的事，因为神肯定不愿意这么做。因为自然法如其现存所是那样，与人的本性同生同灭，[④]神既然根据他无穷无尽的智慧已经如此这般地创造人，以便他的这些义务必然恰好源自他的本性，神就必定不会再改变已经创造的东西，并创造一种新的拥有其他法律和道德法则的人种。神可以这样创造人——他们没有眼睛，也不需要它们；但是只要他们使用他们的眼睛，想要睁开它们，只要太阳照耀，他们就必然会知道日夜交替，会觉察色彩缤纷，并用他们的眼睛分辨曲直异同。[⑤]

---

① 最后两个句子让人想起普芬道夫在他的 *Elementa Jurisprudentiae Universalis*（1660，lib. 1，def. ii，par. 1）中提出的论证。

② 这里可能是手稿本身不完整。——中译者注

③ Cf. Suarez，*Tractatus de Legibus ac Deo Legislatore*，1613，lib. ii，c. 14，8，p106。该学说构成了教会法的一部分（cf. W. Ullmann，*Medieval Papalism*，1949，ch. ii，p46）。

④ Cf. here Pufendorf，op. cit.，lib. I，def. xiii，par. 14.

⑤ Cf. *Essay*，IV. viii. 1 and 4.

此外,表明自然法具有普遍约束力的其他证据可以得自后天(a posteriori),亦即,从假设这种约束力在某个地方失效将带来的不便中得到。因为那将没有宗教,没有社团,没有忠诚,以及其他数不胜数的诸如此类的事情。不过,这一点只要顺便提一下就够了。现在剩下来的事情就是要简单地处理一下有关这个问题的某些疑惑。

(1)自然法的约束力并非永恒而普遍的这一观点的一个证据可能以如下方式给出:根据普遍的同意,每个人都应该被允许保有他自己的财产,或者如果你喜欢的话也可以这么说,没有人可将他人财产占为己有,这是一条自然法,但是在神的命令之下,这条法的约束力可能失效,正如我们所知道的当以色列人离开埃及去巴勒斯坦的时候实际所发生的情况那样。[1] 我们通过否认小前提来回答这个疑惑,如果神命令某人不用归还他已经借用的某种事物,那么该事物本身的所有权(而不是自然法的约束力),就将终止;该法虽未受侵犯,但是所有者改变了,因为先前的所有者失去了该事物的占有,连带着也失去了他对它的权利。实际上,财富从来不曾过多地属于我们,以至于它们不再属于神;万事万物的至高无上的统治者能够毫无过犯地随其最高意志之喜好将他

---

① 他们随身携带埃及人的财物,Exod. xii. 35f。

的财产赐给任何人。[①]

(2)如果我们有时候必须,有时候又不必,同样地服从父母,那么这表明自然法的约束力不是永恒的;不,毋宁说,如果君主发布不同的命令,我们就不必服从父母。那么,对于这种情况,我们这么解释,我们无疑必须遵从父母的命令,但仅仅在合法的事情上遵从,这个责任从来不曾废止;而如果国王发布相反的命令,父母的命令就变成非法。举例来说,当国王号召一个人服兵役的时候,父母命令他呆在家里照管家事就是非法的。[②] 因此,自然法的约束力无论如何都不会终止,但是事情本身的性质会发生变化。[③]

(3)如果任何人基于以下理由怀疑那种约束力是否普遍——人与人之间关于义务的意见迥然不同,而习以为常的行为又截然相异;那么他就应该记住,人类之间在生活方式和意见上的这种多样性之所以产生,并不是因为自然法在不同民族中有所变化,而是因为人们或者被根深蒂固的习惯和传统的榜样所裹挟,或者被他们的激情所诱离,因此屈服于他种道德;他们以野兽的方式

---

① Cf. here St. Thomas Aquinas, *Summa Theol*. Ia IIae, q. 94, art. 5; also Grotius, *De Jure Belli*, lib. I, c. 1, x. 6; William Ames, *De Conscientia* etc., 1630, lib. v, c. 1, viii—x, p. 189; Edward Stillingfleet, *Irenicum*, 1659, ch. 2, par. 1 (fin.); Jeremy Taylor, *Ductor Dubitantium*, 1660, bk. ii, ch. 1, rule9. Gabriel Towerson,洛克关于自然法和他交换过看法,在他的 *An Explication of the Decalogue* 中讨论过这一点,1676, Discourse 1, par. 3, p5.

② Cf. here Suarez, *Tractatus de Legibus* etc., 1613, lib. ii, c. 15, 21, p. 115。在 Grotius 那里有相似的论证, *De Jure Belli*, lib. ii, c. 26, iii; Jeremy Taylor, *Ductor Dubitantium*, bk. iii, ch. 5, rule 7。对于在某些情况下,不服从可能不仅是一种可能性而且是一种义务的观点,参见 *Decretum Gratiani*, I. viii. 2(ed. Friedberg), and Calvin, *Institutes*, bk. ii, ch. 8, par. 38。

③ 这是经院学者所谓的 mutatio materiae。

追随兽群,因为他们不使用自己的理性,而屈从于欲望。[1] 实际上,他不愿睁开眼睛,就好像天生盲目一般去犯下错误,尽管道路可能畅通无阻,而他的视力也足够敏锐。

我们没有理由将孩童和白痴的情况考虑在内。因为这种法虽然约束所有那些被赋予这种法的人,但是它并不约束那些未被赋予这种法的人,而它显然无法赋予那些不能理解它的人。[2]

八、每个人的自我利益是自然法的基础吗? 否

有些攻击自然法的人这样论述:“人们出于自身利益的考虑设定符合他们道德习惯的不同法规,这常常在相同的人群中随着时代的变迁而变迁;无论如何,不存在所谓的自然法,因为所有人都跟其他生物一样,被内在冲动所驱使,去追逐他们自己的利益;同样不存在正义的自然法之类的东西,或者即使存在也愚蠢至极,因为他人的利益就是自己的损失。”卡涅阿德斯(Carneades)曾在他的学园中主张诸如此类的论证,他的理智极为敏锐,演说极为雄辩,其学说几乎不可动摇,自那以后,有一批人非常热切地追随这一学说。这些人由于缺乏借以可能为他们自己准备通向荣誉与财富之路的德性与心智,因而被排除在共同善好的、普遍的和自然的利益之外,他们就此而抱怨人类被不公平地对待,声称

---

① Cf. St. Thomas Aquinas, *Summa Theol*. Ia IIae, q. 94, articles 4 and 6.

② Cf. Sanderson, *De Obligatione Conscientiae*, 1647, lect. iv, par. 21 (fin.); also Pufendorf, *Elementa Jurisprudentiae Universalis*, 1660, lib. I, def. xiii, par. 18.

公民事务没有得到公正的管理。他们走得如此之远,以至于宣称应该摆脱权威的管辖,维护自然的自由,每一种权利和平等都不是取决于外在的法律,而是取决于每个人的自我利益。然而,这一最为有害的意见总是被那些更富理性的人们所反对,他们拥有对共同人性的某种感觉和对共同情谊的某种关心。然而,为了可以更细致地说明这件事情,我们必须先对术语作一番解释——首先,自然法的基础意指什么;其次,每个人的个人利益意指什么。

首先,我们认为自然法的基础意指某种根基,所有其他较为隐晦的法律戒条都建基于此,它们能够以某种方式导源于此,并由此获得它们所有的约束力量,因为它们与此符合一致,可以这样说,它们与首要的和基本的法律符合一致,这种法律是所有其他依赖于它的法律的标准与尺度。

其次,当我们说每个人的个人利益不是自然法基础的时候,我们并不希望这被理解为人类公道的共同法则与每个人的私人利益相互对立,因为每个人私有财产权的最强有力的保护就是自然法,不遵行这种自然法,任何人都不可能是他的财产的主人,并追求他的自我利益。因此,对任何正确地考量人类和人们的习俗的人来说,非常清楚的是,没有任何事情比遵守自然法更有助于每一个人的共同[①]利益,更能有效地维护人们的所有物的安全与稳固。[②] 然而,我们坚决否认每个人都能自由地根据具体情况判断什么对他自己有利。的确,除非你让每一个人都自己判断什么

① 洛克在此用的一个词恰当地表明“跟其他人分享”。

② Cf. Grotius, *De Jure Belli ac Pacis*, proleg., pars. 16 and 18.

对自己有利,否则,你肯定没有理由坚持每一个人的自我利益就是正义与正当的标准。因为没有人能够成为他人利益的公平与恰当的评估者。如果你对一个人说,他被允许做有利的事情,却让另一个人有权力决定什么有利,什么不利,那么你只是在以利益的假象欺骗一个人。因此,这个问题的关键之处在于:每一个人在具体情况下判定对他自己和他的事务有利的东西,这符合自然法。因而,这不仅对他来说是合法的,而且是不可避免的。进而,除了某些带有某种直接个人利益的事情,在自然中没有事情是具有约束力的。这一论断是不是真的?这正是我们要否认的,出于以下三个原因:

第一,因为自然法的基础,或任何首要的法律不可能不是其他并未如此普遍的同类法律的约束力的基石。但是其他法律的约束力不以利益的原则为基础,如果你纵览人类生活的所有义务,你就会发现没有一种义务仅仅起源于利益,或出于有利的原因而被遵守。事实上,很多德性,甚至最好的德性,仅仅在于:我们在帮助他人的同时自我付出。凭借这种富有德性的行为,从前的英雄们升入星空,与诸神同列。[①] 他们不是凭借从各处积攒来的大量财富而取得天堂中的地位,而是凭借艰苦奋斗,凭借千难万险,凭借慷慨大方。他们不是追逐自己的私利,而是追求国家利益和人类利益。一些人通过劳动赢得了不朽,另一些人通过学习赢得了不朽,还有一些人通过牺牲赢得了不朽。没有人通过懒

---

① 这个短语是回忆 St. Augustine, *De Civ.* Dei, lib. ii, c. 5(*Corp. Script. Eccl. Lat.*, vol. 40, I, p. 65, 1.2)。

惰或贪婪而变得伟大或杰出。但是,如果首要的自然法引导每个人在意他自己和他的私事,那么那些被历史奉为神圣德性的伟大榜样将成为过眼烟云,以至于所有显得如此愚蠢如此反常行为的记忆将被彻底泯灭。正是那些我们现在赞为最伟大最优秀的人将不得不被视为愚蠢的,而且甚至是邪恶的,是最有害的。因为他们如此热衷于看轻他们自己和他们的事情,而且毁弃自己的财产和清白,只是为了以高昂的代价换取声名狼藉;他们相信必须尽其所能,以便因此增加伤害和罪恶。如果我们希望自我利益成为正当的标准,那么,赫拉克勒斯,你的劳动与其说应该得到天堂中的地位,不如说应该得到罪人的十字架,你与其说是向怪兽宣战,不如说是向自然本身宣战。当库尔提乌斯(Curtius)[①]为了他的祖国,跃入裂开的深渊,活埋于地下,以免罗马被愤怒的地下神祇所埋葬,他的所作所为与其说是德性不如说是疯狂:他告别了生命和清白,在进入坟墓的那一刻领受死亡。诚然,如果自然希望我们的义务不仅不可避免,而且令人愉悦、有利可图,且除非有利的,没有行为是有德的,那么她无疑应被称为万物最仁慈的母亲!其实对人类来说,德性将随着财富本身的增长而成比例地增长!那么,我们为何赞美法布里修斯(Fabricius)[②]的贫困,浓墨重彩地描绘他令人憎恶的吝啬?比之于他的祖国,他更乐意出卖他的财富和美德,他愚蠢地让罗马共和国享有更大的尊荣;比之于

---

① Marcus Curtius,此事发生于公元前362年(cf. *Livy*,vii. 6. 5)。

② C. Fabricius Luscinus,反对皮洛士(Pyrrhus)的罗马领袖,以节俭和对皮洛士的高尚行为而闻名(cf. Cicero,*De Off*. iii. 22. 86)。

他自己，他更深情地爱着他的祖国。我们赞美喀提林（Catilina）的机智会合适得多，他完美地遵循自然戒律的指导，比之于世界的首都，他更在意自己的利益，只要他有望借以获取厚利，就不怕把敌人的铁犁架上自己祖国罗马的城墙。西塞罗大概可以被称作国父，[①]喀提林则是自然的真正儿子，当他袭击罗马的时候，与其说是保卫罗马的西塞罗，不如说是他，更配得上统治世界。诚然，把此类恶名归诸自然，把如此之多的罪恶归咎于她的命令，让人感到羞愧。此外，既然没有事物如此神圣不可侵犯，以至于连贪婪也不曾侵犯过它；那么，如果义务的基础被置于得益之上，且私利被视作正当性的标准，这除了给每种邪恶大开方便之门，还将是什么呢？

第二，首要的自然法不可能不会遭到破坏。然而，如果每个人的私人利益是自然法的基础，它就必然会遭到破坏，因为不可能在同一时间顾及所有人的利益。实际上，全人类的遗产总是一样的，它不随出生人口数量的增长而成比例地增长。自然为人们的使用和便利提供了一定程度的丰足的产品，这些被提供的事物以明确的方式和既定的数量被赐予，而不是侥幸地被生产，或者随着人们的需要和贪求成比例地增长。衣服不是与生俱有，人们不像乌龟那样拥有蔽体的壳，与生俱来，与生俱长。无论何时财产的需要和欲求都在人们中间增长，但是这个世界的界限不会自动扩展。食物、衣服、饰物、财富，以及今生所有其他的美好事物都供作共同使用。因此，当任何人为他自己尽可能多地攫取的时

---

① 西塞罗由于在公元前 63 年拯救了共和国而获赠该称号。

候，意味着他正在夺取另一个人的份额，除非以另一个人的损失为代价，任何人变得更加富裕都是不可能的。某些人在此可能要修正这个表述。他们说，如果我们使每个人的自我利益成为自然法的基础，那么这不能被理解为每个人都要富裕幸福，都要物物丰足，而必须被理解为，每个人都应该尽其所能地关心自己的利益，因而在这一意义上正当的标准即私人利益，生命的所有义务建基于此。从这个假定首先可以得出，人们有责任去做不可能实现的事情。因为在这种情形之下，每一个人都被要求去获取并拥有尽可能多的有用事物；当这一旦发生，就不可避免地只留给某个其他人极其少的份额，因为没有某个其他人的损失就必定没有你的获取。而如果我们为道德设定另一个基础，那么显然就产生相反的结果。实际上，富有德性的行为本身既不会相互抵触，也不会使人们陷于矛盾冲突：它们相互激发、相互珍爱。我的正义并不减少另一个人的公平，君主的宽大为怀也并不妨碍臣民的慷慨大方。父母的道德纯洁并不腐蚀孩子，伽图的节制也并不削弱西塞罗的简朴。生活的各种义务并不彼此对立，它们也并不让人们彼此纷争——其次，必定从前述假设得出第二个结论，人们按照自然法处于战争状态；因此所有社会都将被废止，所有信任亦复如是，而它们本是社会的纽带。当公平和正义的含义就是利益的时候，还有什么理由要履行诺言？还有什么理由要护卫社会？还有什么理由要人与人共同生活？事实上，当每一个人都不仅可以，而且必须以任何一种手段从他人手中攫取时，另一个人则不得不维护安全，此时人类的交往除了欺骗、暴力、仇恨、抢劫、谋杀，以及诸如此类的东西，还能是什么其他东西呢？

由此就引出了第三个证据，也就是说，这不可能成为自然法的基础，根据这一假设，所有正义、友谊和慷慨就都从生活中消失了。因为，在没有个人财产权[①]或私人所有权的地方有什么正义可言呢？或者说，当一个人不仅被允许持有他自己的东西，而且只是因为某个东西对他有用他就可以持有，那又有什么个人财产权可言呢？实际上，显而易见，这条原则的支持者们，与其说是在法律的约束力之中，不如说是在人们的欲望和自然本能之中寻求道德行为的原则和生活的法则，就好像那是许多人想要的最高道德那样。因此，进一步的结果，或者是自然法没有约束力（但是没有人这么说，因为那将会没有法律），或者是人类生活被如此这般地组织，因而一个人宣布放弃他自己的权利或分给另一个人利益而不求回报将是不合法的。实际上，如果行为的正当性源于私利，人们必须遵循此类道德，那么我不知道一个人怎么可能损己益友，或者以任何其他方式不求回报地帮助他，却不破坏这种法。就让别人去判断这是多么荒唐，多么违反理性、违反人性、违反生活的高尚举止吧。然而，反对者可能要说，如果遵守自然法和生活中的每一项义务总是导向有用的东西，如果我们按照自然法无论做什么都能直接或间接地创造很多利益，那么自然法的基础就是每一个人的自我利益。而（他继续说）那个小前提的真理是显

① 同样的短语出现在 *Eassay*，IV. iii. 18，作为诸多例证之一，洛克想要借此表明在伦理学中证明的可能性。Cf. also Hobbes，*Leviathan*，pt. i，ch. 15（ed. Pogson Smith，p. 110）。

而易见的，因为遵守这种法带来了和平、和谐的关系、友谊、免于惩罚、安全、拥有我们的财产，以及——一言以蔽之——幸福。我们对这位反对者的回答是：利益不是这种法的基础或责任的基石，而是服从它的结果。诚然，行为本身产生某种利益是一回事，由于符合这种法而有利是另一回事，一旦这种法被废除，这种行为本身就将没有任何利益。举例来说，尽管于己不利，却须遵守诺言。实际上，我们必须在行为本身和服从行为之间加以区分，因为一种行为的本身可能是不利的——比如，偿还信贷减少了我们的财富——而服从行为就避免罪有应得的惩罚而言是有用的。但是，如果正当性的标准是当下的利益，那么惩罚就将不再是应得的，因而也无须避免。因此，一个行为的正当性并不基于它的效用；恰恰相反，它的效用是其正当性的一个结果。

1664年，洛克谨记